PATRIZIO GATTI

LA PIANIFICAZIONE AZIENDALE

Gli Strumenti per Risparmiare,

Aumentare il Fatturato e Rendere la Tua Impresa

Più Competitiva

Titolo

"LA PIANIFICAZIONE AZIENDALE"

Autore

Patrizio Gatti

Editore

Bruno Editore

Sito internet

www.brunoeditore.it

Sommario

Introduzione	pag. 5
Capitolo 1: Come pensare per pianificare	pag. 7
Capitolo 2: Come affrontare la previsione del budget	pag. 31
Capitolo 3: Come utilizzare il break-even point	pag. 50
Capitolo 4: Come gestire la pianificazione finanziaria	pag. 71
Conclusione	pag. 89

Introduzione

«Per compiere grandi passi non dobbiamo solo agire, ma anche sognare, non solo pianificare, ma anche credere.»

Anatole France

Con questo ebook mi propongo di svelarti i segreti del mondo della pianificazione e della programmazione aziendale e di spiegarti i vantaggi che sia tu che la tua azienda ne potrete trarre.

Proprio così, tu per primo otterrai dei benefici! Sarai infatti in grado di fare previsioni sulle conseguenze delle decisioni che prenderai per la tua azienda, saprai in anticipo cosa comporteranno le tue scelte: non sarai vittima degli imprevisti e potrai dormire sonni più tranquilli. Ti sembra un vantaggio da poco?

Se applichi gli strumenti della pianificazione (budget e pianificazioni di *cash flow*) e controlli ciò che deriva dal loro utilizzo avrai dei benefici sicuri ovviamente anche a livello aziendale. Le gestioni economica e finanziaria, se programmate in anticipo, faranno infatti sì che tu sappia quali passi compiere per arrivare ai traguardi prestabiliti in sede di budget.

In questo ebook inserirò esempi pratici già applicati in azienda, evitando approfondimenti solo concettuali. Intendo rivolgermi, infatti, a tutti coloro che vogliono imprimere una svolta alla gestione della propria impresa, cercando di pilotare gli eventi per raggiungere gli obiettivi prefissati, e hanno pertanto bisogno di ottenere risultati concreti.

Ribadisco, in questo manuale come in ogni corso formativo che tengo, che per ottenere dei buoni esiti occorrono **impegno**, **determinazione** e **giuste strategie**.

Buona Lettura!

Patrizio Gatti

Dedicato ai miei figli

Andrea, Nicola e Francesca

CAPITOLO 1:
Come pensare per pianificare

«In assenza di pianificazione,
la legge della giungla prevarrebbe.»
John Fitzgerald Kennedy

Dagli anni Novanta come impiegato e responsabile amministrativo e dal 2000 come professionista, ho sperimentato presso varie piccole aziende dei più svariati settori i vantaggi che derivano dalla pianificazione e dall'adozione dei suoi strumenti base quali budget e programmazioni finanziarie.

Ogni impresa può continuare a sopravvivere rincorrendo o sottostando all'andamento delle variabili di mercato. L'azienda che invece intende diventare protagonista deve essere padrona delle proprie scelte, governando la sua attività con decisioni strategiche che si basano su un insieme di informazioni e sulla loro interpretazione e analisi. Solo così l'imprenditore può arrivare a una gestione intelligente e consapevole dei comportamenti della sua società.

Se l'impresa subisce gli eventi, invece, questi si troverà ad annaspare e a non poter prendere liberamente le proprie decisioni. La direzione aziendale in questi casi sarà costretta a distrarsi dall'obiettivo principale del suo business per dedicarsi al risanamento dell'esercizio.

La pianificazione accompagna e porta molti imprenditori a modificare il proprio sistema di gestione e ad affrontare il lavoro ponendo le basi, a priori, degli obiettivi aziendali da raggiungere. Proprio per questo ideale che ho della programmazione e delle sue strategie, dopo aver visto sul campo i benefici che ne possono derivare, posso tranquillamente affermare che l'utilizzo della pianificazione e del controllo di gestione può **fare la differenza** tra un'impresa e l'altra.

Attenzione: pianificare non vuol dire avere la sfera di cristallo e predire il futuro; anzi, si deve proprio evitare di incorrere in questo fraintendimento, dal momento che, come afferma l'economista statunitense John Kenneth Galbraith: «L'unica funzione delle previsioni economiche è di far sembrare rispettabile l'astrologia».

Pianificare dovrebbe significare invece guardare avanti e definire un piano d'azione che potenzialmente si pensa di avere le carte per realizzare. È indispensabile quindi rivolgere uno sguardo al passato per vedere cosa è accaduto negli anni precedenti e trarre da queste informazioni suggerimenti da estendere al futuro.

In tal modo, stabilendo le azioni da compiere e i tempi di esecuzione delle operazioni gestionali, si possono tracciare dei percorsi per la realizzazione di determinati progetti e mettere così a fuoco gli obiettivi essenziali dell'impresa per l'arco di tempo coperto dalla pianificazione.

La programmazione fa sì che anche tu ti metta in discussione, osservando con occhio critico come stai lavorando e come ti stai muovendo.

Ti troverai a esaminare qualsiasi operazione aziendale prima di porla in essere. Farai il budget, e all'inizio dell'anno saprai già sulla base dei tuoi costi preventivi quanto dovrai fatturare per ottenere un guadagno.

La mentalità pianificatoria ti impegna a darti degli obiettivi in termini di fatturato, punto di pareggio, indici di bilancio, *cash flow*. Per ottenere ciò, ti devi dunque munire di strumenti quali il **budget economico e finanziario**, che di solito abbraccia un periodo di un anno, e il **business plan**, che invece interessa un periodo di 3-5 anni.

SEGRETO n. 1: per pianificare metti continuamente in discussione la tua gestione aziendale.

Come ragionare in modo strategico

Buona parte degli individui tende a occuparsi e preoccuparsi dei problemi "urgenti" giornalieri e, a meno che non venga incoraggiata a farlo, si rifiuta di pensare in modo strategico e indirizzato al medio e lungo termine.

Tu invece, che stai leggendo questa guida sulla pianificazione e sei intenzionato a trarne tutti i benefici, se seguirai i consigli che ti darò, ti troverai con tutta probabilità a pensare il tuo business in funzione dei traguardi da raggiungere e sarai stimolato a cercare il modo per ottenere i risultati che ti sei prefissato.

Oltre alla tua intuizione, per prendere delle decisioni oculate, hai bisogno di una serie di dati che ti diano le giuste informazioni: così facendo potrai portare gli eventi laddove desideri ed eventualmente anche prepararti ad affrontare gli imprevisti, senza lasciare niente al caso, ma facendo sì che le cose procedano per come effettivamente desideri che vadano.

Quando puoi dire di avere l'azienda sotto controllo?

Il punto di partenza è porti degli obiettivi. E il controllo gestionale fa proprio al caso tuo, poiché ti spinge a fare di tutto affinché vengano monitorati sia gli obiettivi che i risultati raggiunti. La corretta realizzazione della pianificazione strategica – ovvero la sequenza **pensare, decidere, pianificare** – ti permette di avere sotto controllo l'andamento dell'azienda.

E si tratta di uno strumento non soltanto utile al presente ma efficace anche per il tempo che verrà, perché serve per individuare ed eliminare ostacoli che si potrebbero frapporre in futuro al raggiungimento delle tue mete.

Gli obiettivi da pianificare e da realizzare possono essere sia economici che finanziari. Quelli di carattere economico mirano alla ricerca e all'aumento del reddito aziendale, mentre quelli di tipo finanziario puntano a far sì che la gestione sia in grado di autofinanziarsi per supportare i fabbisogni di capitale generati dai programmi di sviluppo, raggiungendo così il proprio equilibrio finanziario.

L'equilibrio monetario e il suo mantenimento nel tempo può rendere grande un'impresa e fare davvero la differenza tra la crescita aziendale o la stagnazione. Non avere sufficiente liquidità è come non avere benzina nella macchina e quindi essere limitati nei propri spostamenti. Nel caso in cui l'azienda non produca liquidità, sarà costretta a indebitarsi a volte più di quanto dovrebbe.

È opportuno, dunque, che la tua attenzione non sia concentrata solo all'aumento dei fatturati, ma sia anche rivolta all'ottimizzazione dei flussi monetari. Controllandoli, potrai infatti renderti conto delle fonti di finanziamento di cui avrai bisogno.

Come specificato anche nel mio ebook *Amministrare l'Azienda* edito da Bruno Editore, trattandosi di previsione, la pianificazione è uno strumento di difficile applicazione che può dare enormi soddisfazioni, ma che di certo non assicura il successo solo per il fatto di averla posta in essere. In ogni caso, si avrà comunque chiaro il perché le cose siano andate in un'altra maniera rispetto a come le si era pensate.

Un valido sistema basato sulla pianificazione accetta sempre una probabilità di insuccesso: il controllo in assoluto e perfetto non esiste, se non a livello teorico. Occorrerebbe una rigidità inammissibile che farebbe lievitare i costi anziché aumentare i benefici.

Una volta stabiliti gli obiettivi realistici e le strategie dell'impresa, entra in gioco il controllo di gestione, che tramite i suoi strumenti lavora per rendere efficaci ed efficienti tutte le risorse aziendali adatte al conseguimento delle mete prefissate.

SEGRETO n. 2: per avere sotto controllo la tua azienda concentrati sempre sugli obiettivi economici e finanziari.

Come arrivare al budget funzionale

Il budget è lo strumento basilare, il perno del controllo gestionale. In sostanza, è un preventivo dei fatti aziendali, che consente una conduzione progettata in anticipo e una pianificazione di obiettivi dell'azienda.

Il budget classico è predisposto soltanto in termini economici e finanziari e, a volte, sembra un vero e proprio "esercizio contabile", un semplice foglio di calcolo che ha sulla sinistra una colonna formata da valori dell'anno precedente e sulla destra una colonna dove è indicata la formula che aumenta o diminuisce le vendite e i costi.

Nessuna indicazione però sulle azioni da intraprendere, in relazione a ciò che è necessario fare per raggiungere gli obiettivi annotati nel prospetto.

Il **budget funzionale**, invece, dovrebbe contenere un elenco di obiettivi da raggiungere e delle modalità per conseguirli e fissare degli indicatori per verificarne l'andamento.

Alcuni di questi obiettivi potrebbero essere, per esempio, aumento dei ricavi, potenziamento delle strategie di marketing, miglioramento della soddisfazione del cliente, aumento della qualità e della sicurezza nei luoghi di lavoro, incremento di corsi di formazione o certificazioni varie, controllo e diminuzione degli sprechi nella produzione, aumento della forza lavoro, investimenti in attrezzature e macchinari. Tutto questo, ovviamente, accompagnato dalle opportune strategie e dalla relativa quantificazione economico-finanziaria.

SEGRETO n. 3: quando redigi un budget, dedica la prima pagina agli obiettivi; solo dopo passa ai numeri.

Le finalità del budget

Prima di tutto, un budget deve prevedere e prendere delle

decisioni in anticipo, ossia essere considerato come un vero e proprio programma per la gestione futura.

Spesso i budget prospettano solo i risultati che interessano l'imprenditore e la direzione amministrativa, senza che sia coinvolto il resto dell'impresa. In realtà, questo strumento può essere efficacemente utilizzato nelle piccole e medie aziende anche per supportare eventuali cambiamenti organizzativi coadiuvati altresì dal controllo dei risultati a tutti i livelli aziendali.

In alcune pianificazioni da me gestite con il supporto della direzione, in fase di elaborazione sono stati coinvolti i responsabili aziendali dei vari settori e ognuno di loro ha fatto la propria parte, ciascuno relativamente alla propria competenza. La preparazione del budget con il coinvolgimento dei diversi responsabili costituisce infatti un momento di riflessione per l'azienda nel suo complesso.

Nelle organizzazioni in cui la proprietà non vuole rendere noti i numeri del proprio conto economico a tutti i livelli aziendali, si possono coinvolgere i collaboratori condividendo con loro solo determinati obiettivi ed eventualmente utilizzando delle misurazioni in percentuale.

Per esempio, se l'obiettivo è un aumento del fatturato del 10% con il mantenimento della medesima struttura, si può spiegare ai collaboratori qual è il traguardo da raggiungere, come ottenerlo e cosa ci si aspetta da loro perché lo si raggiunga.

Ciò permetterà di incrementare gli utili che serviranno per ulteriori scopi aziendali, quali l'aumento della liquidità per sostenere altre spese o investimenti per migliorare ancora l'efficienza aziendale.

Condividere gli obiettivi di budget nella maggior parte dei casi funziona, soprattutto se si coinvolgono i collaboratori nella loro elaborazione: questi si sentiranno così parte attiva dell'azienda e di conseguenza aumenteranno il loro grado di attenzione.

Nelle organizzazioni strutturate attraverso il controllo di budget si può arrivare alla valutazione delle performance dei vari responsabili di settore. Molti dirigenti addirittura vengono incoraggiati a raggiungere i loro obiettivi di rendimento spinti dal desiderio di non dover dare spiegazioni ad altri sul mancato successo degli intenti preventivati.

I budget però sono validi unicamente se vengono adoperati in maniera continuativa, come guida per le iniziative e le attività dell'impresa.

Mi è capitato più volte di venire a conoscenza di budget fatti all'inizio dell'anno o alla fine di quello precedente, che durante l'esercizio in corso non venivano più ritoccati e confrontati con i dati consuntivi.

Questo succedeva a volte per mancanza di tempo, a causa della scarsa costanza nella verifica e nel controllo, o semplicemente perchè la direzione non credeva effettivamente nella potenzialità della programmazione da budget.

Solo alla fine dell'anno o perfino l'anno dopo veniva confrontato il risultato finale e notata la differenza che c'era tra la versione preventiva e quella consuntiva. Il budget così inteso serve a poco!

In varie occasioni ho incontrato dei piccoli imprenditori che mi hanno detto: «Fai tu il budget, prendi il bilancio dell'anno scorso, aumenta un po' i costi, poi alza un po' i ricavi di un 5-10% e dimmi il risultato finale!»

La mia risposta a grandi linee è sempre stata: «Posso anche fare l'elaborazione contabile, ma questo non serve per la tua azienda e soprattutto non serve a te. Se vuoi farla, io ti guido nella compilazione e nella strutturazione del budget. Quando avrai fissato degli obiettivi e ti sarai addentrato almeno per qualche ora nella gestione dei numeri aziendali, allora quello sì, che si potrà considerare un budget e ti darò volentieri il mio aiuto nella sua stesura».

Un imprenditore nel settore commercio con vendita all'ingrosso e una struttura tale che gli permetteva di controllare mensilmente il bilancio e gli scostamenti da quanto preventivato, durante il 2010 ha semplificato molto l'elaborazione del budget, dicendomi che per lui l'obiettivo principale dell'anno in corso era mantenere i ricavi e i costi del precedente. Insomma, il budget 2010 doveva essere il consuntivo di quello del 2009. Non gli interessava aumentare la struttura o investire, non gli interessava crescere, anzi, sosteneva che, visti i chiari di luna che si prospettavano per il suo settore, finchè non si intravedeva di nuovo un'espansione del mercato, era già tanto mantenere ciò che esisteva in quel dato momento.

Certo, per quanto riguarda il suo settore aziendale, in cui statisticamente le stagionalità delle vendite sono sempre le solite, è più facile avere uno standard di ricavi, costi e flussi finanziari. L'elaborazione del budget in questo caso è stata molto semplice: si è trattato in pratica di un "copia e incolla" dei dati dell'anno precedente, che comunque sono stati poi controllati mensilmente.

È chiaro che questa è una semplificazione limite dovuta a periodi particolari, anche se effettivamente mantenere ciò che l'azienda aveva ottenuto nel 2009 rappresentava in quella sede e in quel momento un obiettivo della direzione.

Sarebbe stato molto più difficile fare un discorso del genere con un'impresa, per esempio, attiva nel campo delle manutenzioni, dell'impiantistica, o in altri settori in cui le stagionalità dei ricavi spesso sono discontinue. Senza una pianificazione pensata di volta in volta si rischia di andare troppo fuori strada.

SEGRETO n. 4: i budget utili all'azienda sono quelli che vengono impiegati continuamente come guida per le iniziative e le attività dell'impresa.

Quanto può costare non redigere e non controllare i budget?

Nel 2005 un'azienda del settore metalmeccanico con poco più di 20 dipendenti mi ha incaricato di formare il personale amministrativo e di impostare un sistema di controllo con il budget. A occuparsi di tutto poi sarebbe stato il direttore amministrativo coadiuvato dagli impiegati adeguatamente preparati.

Come da accordi con la direzione, io uscii di scena alla fine dell'implementazione del sistema. Nel 2006 il controllo andava benissimo e il lavoro continuava ad aumentare, e l'azienda ha continuato anche ad assumere personale.

A un certo punto, alla fine del 2006, c'è stato un cambio ai vertici. La nuova direzione ha ritenuto opportuno diminuire il controllo di budget per evitare di perdere tempo rischiando di fare previsioni sbagliate, data l'incertezza dei lavori futuri. Pertanto, non sono stati più fatti i budget ed è svanito il bisogno di pianificare e controllare quanto programmato.

Nel 2008 le vendite hanno iniziato a diminuire e, non essendoci una pianificazione adeguata, venivano effettuate spese di struttura senza che ci si rendesse conto che i margini non erano più sufficienti a supportarle. L'impresa improvvisamente si è ritrovata in perdita con un'organizzazione che non produceva quanto avrebbe dovuto.

Tutto il sistema di controllo impostato negli anni precedenti era quasi svanito. Nel benessere generale, visti i guadagni consistenti e la liquidità in aumento, la nuova direzione riteneva un costo inutile quello che addentrarsi nel controllo della pianificazione e della programmazione da budget avrebbe comportato.

Alla fine del 2009 sono stato richiamato dall'amministratore dell'azienda per riprendere in mano il controllo della gestione ripartendo proprio dal controllo budgetario. Cosa era successo? All'imprenditore non erano più stati dati obiettivi di fatturato, non aveva più ben chiaro, se non a consuntivo, quando raggiungeva il punto di pareggio, non aveva più la verifica periodica dei costi.

Ora, in questa situazione, quanto è costato non pianificare e perdere un sistema di programmazione e controllo già funzionante? Mentre può essere relativamente semplice stabilire quanto costi un sistema di controllo (oneri di implementazione, spese per il personale, formazione ecc.) non è altresì facile quantificare quanto un sistema già funzionante e non applicato possa incidere sui costi dell'azienda.

Sicuramente l'impresa del nostro esempio, se avesse utilizzato il budget e il controllo, avrebbe reagito prima e sarebbe stata in grado di adottare azioni correttive in tempi utili, evitando situazioni compromettenti.

«Se non cambiamo la nostra direzione,
è probabile che arriveremo là dove siamo diretti.»
(Sun Tzu)

Attenzione: se la tua impresa si trova in una fase di crescita con aumenti di fatturato e di guadagno non significa che devi smettere di pianificare e controllare. Sarebbe un grosso errore. La crescita aziendale, infatti, può portare indebitamento dovuto all'espandersi della struttura, all'aumento del personale, degli acquisti e dei crediti non riscossi nei tempi utili. Per questi motivi si può arrivare a una eccessiva esposizione bancaria e, in assenza di adeguati controlli, ci si potrebbe ritrovare a subirne le conseguenze sotto il profilo finanziario.

Non mollare mai la presa, potrebbe costarti caro e comportare una perdita di parte del denaro accumulato grazie ai buoni risultati precedentemente raggiunti.

SEGRETO n. 5: applica sempre la pianificazione. Se pensi che comporti un costo eccessivo in termini di tempo e denaro, fai una stima di quanto ti costerebbe la sua mancata attuazione e ti renderai conto che conviene fare quest'investimento.

Come si presenta il budget economico?

I budget descritti in questo ebook sono di natura economica e finanziaria. Mentre i primi comprenderanno il conto economico per arrivare alla definizione del risultato d'esercizio futuro, i secondi esprimeranno i flussi finanziari previsionali.

Potremmo pensare al budget come a una dichiarazioni di intenti: difatti, esso è rappresentato da una sequenza di obiettivi concordati e scritti e da una serie di voci di costo e ricavo appositamente raggruppate che riassumono in termini monetari le attività aziendali programmate.

Col tempo i programmi varieranno in azioni raffigurate dalla concretizzazione delle vendite. Servirà analizzare progressivamente e periodicamente durante l'anno se gli intenti sono stati raggiunti; in caso contrario, occorrerà mettere in atto operazioni correttive.

È consuetudine che il budget venga perlopiù rivisitato ogni trimestre: al termine del terzo mese si devono verificare ed esaminare gli scostamenti rispetto a quanto pianificato.

Negli ultimi mesi del 2010 ho ricevuto più obiezioni del solito sul fatto che pianificare è difficile: me lo sono sentito dire anche da imprenditori che da anni sono abituati a programmare. Molti, infatti, sono rimasti scottati dall'incertezza dei mercati degli ultimi due anni, quindi il "nuovo concetto" che ho abbracciato è che un budget su base annua potrebbe essere non del tutto attendibile laddove per tipologia di mercato non vengano assunti ordinativi sufficientemente programmati in anticipo.

Cosa fare per avere una guida preventiva adeguata

A mio avviso, potrebbe essere utile non solo fare un budget unico e controllato progressivamente durante l'anno, ma anche più elaborazioni di budget perlomeno trimestrali in modo da rivedere tutti gli obiettivi riformulandone i conteggi.

Quindi, in parole semplici, stilare un budget-guida sulla base del quale, periodicamente si rivede il tutto a seconda dei nuovi sviluppi aziendali e di mercato: il nuovo documento non si presenterà solo come un controllo dei costi, ma sarà ogni volta una rielaborazione dei programmi a breve termine.

È indispensabile che il budget sia "scorrevole" per analizzare a preventivo la futura gestione in base all'andamento del mercato. I dati attinenti alle pianificazioni variano periodicamente e, a seconda delle nuove elaborazioni, cambiano le ipotesi di previsione per i mesi seguenti.

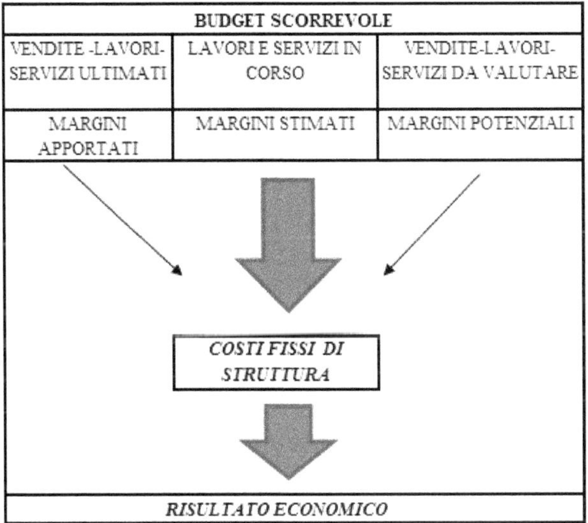

A questo punto, è interessante introdurre in alternativa il concetto di **budget flessibile**, un budget che consente di effettuare più ipotesi, su cui poi costruire diverse strategie.

Per esempio, è possibile ipotizzare a inizio anno un aumento o una diminuzione delle vendite con i relativi schemi di budget in modo da verificare la reazione dell'azienda nelle due ipotesi. Verrà adottata quella migliore e se, durante l'anno, cambiano gli andamenti del mercato, l'impresa può passare alla seconda soluzione. Il budget flessibile, quindi, permette con prontezza di spostarsi da uno scenario all'altro, già preparato e analizzato, senza incorrere in ulteriori rielaborazioni e perdite di tempo.

Preparare e gestire queste eleborazioni è impegnativo ma può essere una soluzione ottimale in un ambiente di pericolosa "turbolenza". Proprio a causa dell'incertezza e volubilità dei mercati, il controllo degli scostamenti col preventivato è una prassi mensile che sta diventando sempre più importante, non solo per le grandi imprese ma anche per le più piccole.

L'utilizzo dei budget scorrevoli e flessibili è un vero e proprio strumento di guida per le strategie aziendali in periodi di "insicurezza" degli scambi commerciali.

SEGRETO n. 6: utilizza il budget come strumento guida, servendoti anche di quello flessibile per contenere gli effetti della turbolenza dei mercati.

RIEPILOGO DEL CAPITOLO 1:

- SEGRETO n. 1: per pianificare metti continuamente in discussione la tua gestione aziendale.
- SEGRETO n. 2: per avere sotto controllo la tua azienda concentrati sempre sugli obiettivi economici e finanziari.
- SEGRETO n. 3: quando redigi un budget, dedica la prima pagina agli obiettivi; solo dopo passa ai numeri.
- SEGRETO n. 4: i budget utili all'azienda sono quelli che vengono impiegati continuamente come guida per le iniziative e le attività dell'impresa.
- SEGRETO n. 5: applica sempre la pianificazione. Se pensi che comporti un costo eccessivo in termini di tempo e denaro, fai una stima di quanto ti costerebbe la sua mancata attuazione e ti renderai conto che conviene fare quest'investimento.
- SEGRETO n. 6: utilizza il budget come strumento guida, servendoti anche di quello flessibile per contenere gli effetti della turbolenza dei mercati.

CAPITOLO 2:
Come affrontare la previsione del budget

«Senza un impegno chiaro e condiviso
ci sono solo promesse e speranze ma non piani.»
Peter Drucker

Nel budget, come in tutta la pianificazione, l'incognita è rappresentata dalle vendite; la cosa sicura invece sono i costi da sostenere per arrivare a ottenere i ricavi.

Come ci si comporta per fare una previsione degli incassi? Lo schema adottato dipende dalla tipologia di impresa. Per un'azienda che lavora al dettaglio o all'ingrosso con tanti clienti diventa difficile elencare le vendite nominativo per nominativo. È consigliabile perciò uno schema in cui si prende spunto dalla loro stagionalità.

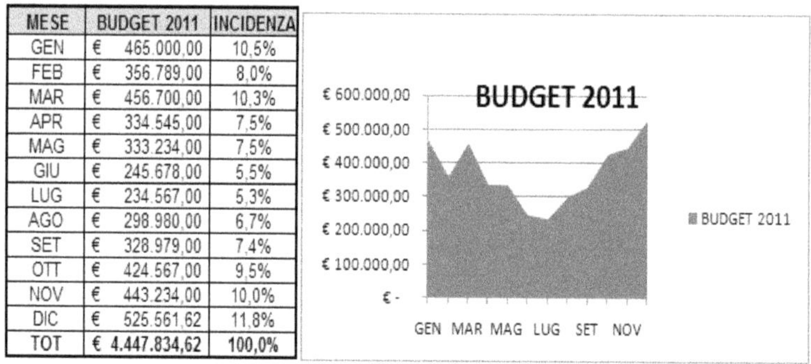

MESE	BUDGET 2011	INCIDENZA
GEN	€ 465.000,00	10,5%
FEB	€ 356.789,00	8,0%
MAR	€ 456.700,00	10,3%
APR	€ 334.545,00	7,5%
MAG	€ 333.234,00	7,5%
GIU	€ 245.678,00	5,5%
LUG	€ 234.567,00	5,3%
AGO	€ 298.980,00	6,7%
SET	€ 328.979,00	7,4%
OTT	€ 424.567,00	9,5%
NOV	€ 443.234,00	10,0%
DIC	€ 525.561,62	11,8%
TOT	**€ 4.447.834,62**	**100,0%**

Alle aziende che riescono a quantificare i possibili ricavi per clientela è consigliabile un modello nel quale specificare mese per mese il fatturato previsto e quando il cliente pagherà – informazione in più utile per la pianificazione finanziaria.

	SCHEMA 1/A					
Giorno scadenza pagamenti	Clienti/per tipologia di pagamenti	Gennaio preventivo	Febbraio preventivo	......Altri mesi dell'anno preventivo...	Dicembre Preventivo	Totale fatturato previsto annuo
30	CLIENTE A	€ 10.000,00	€ 23.000,00		€ 5.600,00	€ 70.000,00
60	CLIENTE B	€ 20.000,00	€ 12.000,00			€ 80.000,00
90	CLIENTE C	€ 15.000,00	€ 7.000,00		€ 8.900,00	€ 75.000,00
120	CLIENTE D	€ 8.000,00				€ 8.000,00
	Totale	€ 53.000,00	€ 19.000,00		€ 14.500,00	€ 233.000,00

Sulla base dello schema riportato qui in alto (schema 1/A), è possibile costruire un budget delle vendite "scorrevole" inserendo i dati consuntivi che di volta in volta prenderanno il posto di quelli preventivi.

SCHEMA 1/B

Giorno scadenza pagamenti	Clienti/per tipologia di pagamenti	Gennaio preventivo	Gennaio consuntivo	Febbraio preventivo	Febbraio Consuntivo	......Altri mesi dell'anno ...	Totale fatturato previsto annuo	Totale fatturato previsto annuo riproiettato (Scorrevole)
30	CLIENTE A	€ 10.000,00	€ 8.000,00	€ 23.000,00			€ 70.000,00	€ 68.000,00
60	CLIENTE B	€ 20.000,00	€ 22.000,00	€ 12.000,00			€ 80.000,00	€ 82.000,00
90	CLIENTE C	€ 15.000,00	€ 12.000,00	€ 7.000,00			€ 75.000,00	€ 69.000,00
120	CLIENTE D	€ 8.000,00	€ 5.000,00				€ 8.000,00	€ 5.000,00
	Totale	€ 53.000,00	€ 47.000,00	€ 42.000,00			€ 233.000,00	€ 224.000,00

Somma fatturati consuntivi mesi passati + somma dei ricavi a preventivo dei mesi ancora da trascorrere

I dati reali sommati ai dati preventivi riformulati con l'aggiornamento delle vendite future permetteranno di vedere a quanto ammonteranno i ricavi finali sulla base degli aggiornamenti progressivi (procedura detta anche *forecast*). In tal modo, si consente ai vari responsabili di settore preposti allo sviluppo dei fatturati di avere sempre una "spia" che misuri gli scostamenti tra quanto è stato preventivato e quanto si è invece realizzato.

Dopo i ricavi, inserendo i costi, si può arrivare a elaborare un modello classico di budget, come nello schema indicato sotto.

Budget Economico 2011			
	Consuntivo 2010	Budget 2011	Scostamenti
RICAVI OPERATIVI NETTI			
+/- Variazione Rimanenze Prodotti in Corso e Prodotti Finiti			
- Acquisti Prodotti Finiti			
+ Lavori in Economia			
= VALORE PRODUZIONE			
+/- Variazione Rimanenze Materie Prime e Imballaggi			
Acquisti di Materie Prime			
- Spese per Servizi			
- Lavorazioni Esterne			
= VALORE AGGIUNTO			
- Costo del Lavoro			
- Acc.to Fondo T.F.R.			
= MARGINE OPERAT. LORDO (EBITDA)			
- Ammortamenti Materiali Economici Operativi			
- Ammortamenti Immateriali Economici Operativi			
- Accantonamenti ai F.di Operativi			
= REDDITO OPERATIVO (EBIT)			
- Oneri Finanziari			
+ Proventi Finanziari			
+/- Gestione non Operativa			
= UTILE ORDINARIO LORDO			
+/- Gestione Straordinaria			
- Imposte d'Esercizio			
= RISULTATO D'ESERCIZIO			

Per semplificare l'elaborazione del budget annuale e renderlo più comprensibile anche a chi non è un professionista contabile, è buona prassi dividere le voci di costo in "gestioni" cioè in aggregati economicamente significativi.

Insomma, è necessario scomporre le diverse attività in gestioni e determinare per ognuna di esse un obiettivo. Si inseriscono, per esempio, le varie voci di costo a seconda della loro natura e si riuniscono in un aggregato generale, in modo tale che la direzione possa avere a consuntivo l'idea generale del costo totale.

Ecco di seguito alcuni esempi.

- Gestione acquisti (merci, materiali):

Acquisti di materiale consumo	**merci**
Acquisto merci	**merci**
Imballaggi	**merci**
Spese di trasporto per acquisto merci	**merci**
Totale	

- Gestione costi comuni di struttura:

Assicurazioni magazzino	**struttura**
Assistenza software	**struttura**
Canoni acqua e gas	**struttura**
Costi di energia	**struttura**
Fitti passivi	**struttura**
Spese condominiali	**struttura**
Manutenzione impianti	**struttura**
Canoni leasing macchinari	**struttura**
Spese pulizia	**struttura**
Spese gas	**struttura**
Spese vigilanza	**struttura**
Totale	

- Gestione costi personale:

Contributi INPS	**Costo personale**
Compenso amministratori	**Costo personale**
INAIL	**Costo personale**
Oneri sociali INPS	**Costo personale**
Stipendi e salari	**Costo personale**
Trattamento di fine rapporto	**Costo personale**
Totale	

- Gestione lavorazioni di terzi:

Prestazioni di terzi	**Totale serv. terzi**
Spese lavoro temporaneo	**Totale serv. terzi**
Provvigioni passive a rappres.	**Totale serv. terzi**
Totale	

- Gestione spese generali:

Adempimenti CCIA	**spese gen.**
Assicurazioni varie	**spese gen.**
Costi di pubblicità	**spese gen.**
Manutenzioni cellulare	**spese gen.**
Pedaggi autostradali	**spese gen.**
Quote associative	**spese gen.**
Servizi amministrativi	**spese gen.**
Spese di rappresentanza	**spese gen.**
Consulenze legali/amministrative	**spese gen.**
Spese postali	**spese gen.**
Totale	

- Oneri di autofinanziamento:

Costi per acquisti non programmati	**Totale costi autofin.**
Perdite previste su crediti	**Totale costi autofin.**
Spese per imprevisti	**Totale costi autofin.**
Minusvalenze	**Totale costi autofin.**
Totale	

Nelle previsioni si tende a non inserire gli imprevisti. Se vogliamo però essere realistici, di solito nella gestione annua qualche onere non preventivato siamo costretti a sostenerlo.

Quindi, il mio consiglio è quello di creare un accantonamento, una sorta di "piccolo salvadanaio", e mettere da parte dei soldi che possono servire ad autofinanziare obiettivi futuri.

COSTI		RICAVI	
Rimanenze iniziali	2 %	Vendite	97 %
		Rimanenze iniziali	3 %
Gestione acquisti	35 %		
Gestione manodopera	25 %		
Gestione lavorazioni di terzi	10 %		
Gestione commerciale	3 %		
Gestione finanziaria	2 %		
Costi comuni struttura	12 %		
Oneri per autofinanziamento	1 %		
Risultato economico	10 %		
Totale a pareggio	100 %		100 %

Se poi le spese impreviste non ci saranno tanto meglio, la quota messa da parte costituirà un beneficio per il futuro.

Questa suddivisione in gestioni consente di avere subito chiaro, nel corso dei controlli infrannuali degli scostamenti da budget, qual è l'area per la quale è doveroso prendere provvedimenti.

SEGRETO n. 7: per rendere più leggibile il budget riclassifica i costi in gestioni.

Imputazione dei costi fissi e variabili nel budget

Una volta suddiviso il budget in gestioni, occorre distribuire queste ultime a seconda della natura dei costi, fissi o variabili. Si tratta di una ripartizione fondamentale per il calcolo del punto di pareggio, poiché la loro imputazione può provocare un suo spostamento più o meno positivo nel tempo.

I costi fissi sono quegli oneri che l'azienda sostiene con poca possibilità di diminuirli o modificarli soprattutto nel breve termine senza far ricorso a "difficili decisioni" e, per la maggior parte dei casi, a meno che non si verifichi un aumento della "complessità dell'organizzazione aziendale", non cambiano al variare del fatturato.

Tra questi rientrano, ad esempio, le spese per il personale amministrativo, le assicurazioni sugli immobili, sugli automezzi, i leasing, gli affitti, l'energia elettrica per uffici, telefoni fissi, interessi passivi sui mutui, cancelleria, ammortamenti, consulenze per il commercialista ecc.

I costi variabili, invece, si modificano al cambiare dei ricavi e il loro controllo è importante non solo sul valore assoluto ma soprattutto sulle percentuali in proporzione al fatturato.

Questi costi, strettamente legati alla produzione, sono, per esempio, l'acquisto di materiali o merci, le lavorazioni esterne, i trasporti dei materiali, gli interessi bancari su anticipi, fatture e ricevute bancarie attive.

In realtà, esistono anche i costi semivariabili, composti da una parte fissa e una variabile. Un esempio di questa tipologia è la spesa per l'elettricità, in cui vi è una parte variabile, ovvero l'energia che serve esclusivamente per la produzione, e una fissa, cioè l'energia necessaria per sostenere il consumo degli uffici amministrativi e gli altri costi di illuminazione, che dovranno essere sostenuti anche qualora non si producesse nulla. Laddove non sia possibile fare queste distinzioni, è preferibile prudenzialmente inserire la voce nei costi fissi.

Se si riesce ad avere una contabilità generale con la divisione degli interessi passivi da quelli maturati sui conti correnti passivi e da quelli per gli smobilizzi, sarebbe ottimale considerare i primi dei costi fissi e i secondi costi variabili. I costi per interessi su mutui e finanziamenti rimborsabili, invece, vanno inseriti tra quelli fissi. Nel caso in cui non si abbia la possibilità di operare questa distinzione, il mio consiglio è, anche in questo caso, di considerarli prudentemente costi fissi.

Stessa considerazione sulla manodopera: se tutte le ore del personale operativo saranno imputate nelle commesse e quindi fatturate interamente al cliente, possono essere considerate un costo variabile, altrimenti è cautelativo computarle tra le spese fisse.

Nel caso di costi per l'energia, per gli interessi e la manodopera tutti attribuiti a costo fisso, il punto di pareggio si sposterà più avanti, cioè sarà più pessimistico. Nonostante ciò, in questi casi, è bene avere molta accortezza e, quando non si è del tutto certi delle imputazioni, questa metodologia è preferibile.

SEGRETO n. 8: quando affronti un budget pensa sempre in funzione della natura dei costi, fissi o variabili.

Come si inseriscono i costi in un budget?

Per un'azienda già esistente di solito si prendono come base le voci di costo del bilancio dell'anno precedente o dell'ultima situazione infrannuale e si trasferiscono nell'anno da preventivare. Sarà opportuno, comunque, verificare costo per costo, proprio in funzione dei traguardi prefissati.

Se, per esempio, prevedi di acquistare degli automezzi o dei macchinari in leasing, aumenteranno i relativi costi; se invece pensi di accendere un finanziamento, dovrai conteggiare l'aumento dei costi fissi per interessi bancari. Il fatto di soffermarti su ogni singola voce ti fornisce ulteriori elementi per prendere delle decisioni. Se ti limiti a dare un aumento o una diminuzione percentuale alle spese sostenute nei periodi precedenti corri invece il rischio che le considerazioni strategiche non vengano valutate.

A questo punto, vorrei riportare un esempio concreto di un'azienda già esistente con un budget annuo formulato sulla base dei costi dell'anno precedente.

Se si considerano alcune voci che saranno poi collocate nei costi comuni di struttura, è possibile notare che le spese possono aumentare di poco; alcune variazioni sono dovute ad adeguamenti contrattuali tra l'anno appena passato e l'anno da trascorrere (assistenza software, assicurazioni, magazzino ecc).

Budget annuo

COSTI/RICAVI		ANNO 2010		ANNO 2011	
Descrizione	Gestioni	Consuntivo	% su ricavi	Budget	% su ricavi
Totale Ricavi	Ricavi	€ 510.000,00	100,0%	€ 523.200,00	100,0%
Costi					
Spese telefoniche (fisse)	struttura	€ *3.500,00*	0,7%	€ 3.600,00	0,7%
Assicurazioni magazzino	struttura	€ *5.430,00*	1,1%	€ 5.600,00	1,1%
Assistenza software	struttura	€ *500,00*	0,1%	€ 540,00	0,1%
Canoni Acqua e Gas	struttura	€ *725,00*	0,1%	€ 760,00	0,1%
Costi di energia	struttura	€ *5.678,00*	1,1%	€ 5.700,00	1,1%
Fitti passivi	struttura	€ *12.000,00*	2,4%	€ 12.240,00	2,3%
Canoni leasing per macchinari	struttura	€ *3.500,00*	0,7%	€ 8.400,00	1,6%
Pulizia Ambienti	struttura	€ *3.000,00*	0,6%	€ 3.100,00	0,6%
Spese Gas	struttura	€ *380,00*	0,1%	€ 400,00	0,1%
Spese vigilanza	struttura	€ *827,22*	0,2%	€ 827,22	0,2%
Totale Costi Comuni Struttura	Costi Fissi	€ 35.540,22	7,0%	€ 41.167,22	7,9%

È stata sottolineata in giallo una differenza nei canoni leasing per macchinari, perché nel corso dell'anno 2010 è stato stipulato un contratto di leasing senza canoni anticipati per un costo di 700 euro per 5 mesi e nel 2011 lo stesso costo va considerato per tutto l'anno.

Continuando con il dettaglio delle spese, nello schema successivo, alla voce "leasing furgone xxx", si nota che nel preventivo 2011 sono contemplati 7.000 euro di spesa che nell'anno precedente non erano previsti. Questo perché si pensa di acquistare in leasing un furgone da sostituire con un altro obsoleto ormai del tutto ammortizzato e troppo oneroso a livello di manutenzione. Con il nuovo acquisto, deve essere messa in preventivo una buona diminuzione dei costi di manutenzione.

Budget annuo								
COSTI/RICAVI		ANNO 2010		ANNO 2011		ANNO2011		ANNO2011
Descrizione	Gestioni	Consuntivo	% su ricavi	Budget	% su ricavi	Consuntivo	% su ricavi	Scostamento
Assicurazioni mezzi	Gestione mezzi	€ 3.202,00	0,6%	€ 3.300,00	0,6%			
Carburanti	Gestione mezzi	€ 1.617,17	0,3%	€ 1.400,00	0,3%			
Leasing nuovo furgone	Gestione mezzi	€ 6.000,00	1,2%	€ 6.120,00	1,2%			
Leasing furgone XXX	Gestione mezzi	€ -	0,0%	€ 7.000,00	1,3%			
Manutenzioni Automezzi	Gestione mezzi	€ 2.500,00	0,5%	€ 2.400,00	0,5%			
Manutenzioni furgoni	Gestione mezzi	€ 3.300,00	0,6%	€ 1.500,00	0,3%			
Spese bolli auto	Gestione mezzi	€ 1.300,00	0,3%	€ 1.330,00	0,3%			
Spese lavaggio	Gestione mezzi	€ 250,00	0,0%	€ 250,00	0,0%			
Totale Mezzi	**Costi Fissi**	€ 18.169,17	3,6%	€ 23.300,00	4,5%	€ -		€ -
Spese legali e notarili	consulenze	€ 1.450,00	0,3%	€ 1.200,00	0,2%			
Competenze a terzi	consulenze	€ 3.450,00	0,7%	€ 3.500,00	0,7%			
Totale Costi Consulenze	**Costi Fissi**	€ 4.900,00	1,0%	€ 4.700,00	0,9%	€ -		€ -

Per quanto riguarda invece le assicurazioni, rimarranno più o meno stabili perché quella sul vecchio mezzo sarà trasferita sul nuovo. Ci si attende, invece, un risparmio sul carburante, in quanto il nuovo automezzo consumerà meno gasolio.

Passando a esaminare i costi variabili, è importante verificare l'incidenza percentuale sul fatturato. Se si pensa di acquistare a condizioni migliori, si può sempre abbassare la percentuale di incidenza e calcolare l'importo da inserire nel budget sulla base dei ricavi.

Budget annuo								
COSTI/RICAVI		ANNO 2010		ANNO 2011		ANNO 2011		ANNO 2011
Descrizione	Gestioni	Consuntivo	% su ricavi	Budget	% su ricavi	Consuntivo	% su ricavi	Scostamento
Acquisti di materiale consumo	Gestione Acquisti	€ 2.300,00	0,5%	€ 2.440,00	0,5%			
Acquisto merci	Gestione Acquisti	€ 252.870,90	49,6%	€ 230.853,37	44,1%			
Spese di trasporto (acquisto merci)	Gestione Acquisti	€ 7.586,13	1,5%	€ 8.000,00	1,5%			
Totale Merci	C.Variabili	€ 262.757,02	51,5%	€ 241.293,37	46,1%	€ -		€ -
Canoni di Noleggio	Totale serv. Terzi	€ 5.602,00	1,1%	€ 5.500,00	1,1%			
Prestazioni lavoro temporaneo	Totale serv. Terzi	€ 8.700,00	1,7%	€ 15.000,00	2,9%			
Provvigioni passive	Totale serv. Terzi	€ 848,65	0,2%	€ 3.416,74	0,7%			
Totale serv. Terzi	C.Variabili	€ 15.150,65	3,0%	€ 23.916,74	4,6%	€ -		€ -

Nel nostro caso, abbiamo previsto di abbassare le percentuali sui ricavi dal 49,6% al 44,1%, poiché sono stati ottenuti maggiori sconti dai fornitori principali e si presume di utilizzare per alcuni lavori da fare meno materiali e più manodopera.

Allo stesso modo, si può verificare se i costi per servizi di terzi saranno necessari o meno e se la percentuale varierà rispetto all'anno precedente. Nell'esempio abbiamo previsto di fare maggiore ricorso al lavoro temporaneo e la percentuale sui ricavi annui è quindi aumentata dall'1,7 al 2,9%. Nello stesso tempo si è messo in conto di aumentare le provvigioni ai venditori.

Nelle imprese di nuova costituzione, invece, occorre basare le previsioni partendo dallo studio del mercato per le vendite e ipotizzando i costi (unica certezza) nella maniera più realistica possibile. Essi costituiscono la base di partenza per verificare quanto occorre fatturare già a partire dal primo anno per cercare di coprire le spese fisse. Di solito, per uno *start-up* che preveda anche l'acquisto di beni durevoli, occorre fare, oltre a un budget annuo, un vero e proprio business plan almeno triennale per verificare il rientro a livello finanziario dell'investimento iniziale.

Come e quando si confrontano gli scostamenti da budget?

Dopo aver scomposto i costi in gestioni e averli suddivisi in fissi e variabili, è possibile fare il nostro budget economico, dividendolo possibilmente per mese o per trimestre.

Nello schema riportato di seguito ho inserito un budget mensile con l'affiancamento del consuntivo da verificare tramite gli scostamenti. Di solito consiglio alla direzione dell'azienda di effettuare le verifiche degli scostamenti di norma tra il 20-25 del mese successivo o, se si applica il controllo trimestrale, entro il termine del mese seguente alla fine del trimestre.

Generalmente si confrontano i valori partendo dai dati preventivi e sottraendo da questi i dati a consuntivo, indipendentemente dal fatto che la colonna di destra sia dei consuntivi o dei preventivi; su questo c'è piena libertà.

Budget Mensilizzato Anno 2011								
COSTI/RICAVI		GENNAIO			GENNAIO			GENNAIO
		Consuntivo Progressivo		% SU RICAVI	Budget mensile		% SU RICAVI	Scostamento da budget mensile
DESCRIZIONE	GESTIONI							
Totale Ricavi	Ricavi	€	46.231,00		€	43.583,33		€ 2.647,07
RIEPILOGO COSTI	GESTIONI							
CF	Comuni struttura	€	2.300,00	5%	€	2.189,00	5%	€ 201,00
CF	Spese Generali	€	850,00	2%	€	678,00	2%	€ 172,00
CF	Gestione finanziaria mutui e c.c.	€	200,00	0%	€	329,00	1%	€ 129,00
CV	Gestione finanziaria sbf	€	616,00	1%	€	498,00	1%	€ 118,00
CV	Gestione Acquisti	€	21.900,00	47%	€	19.800,00	45%	€ 2.100,00
CF	Costo personale	€	12.890,00	28%	€	11.900,00	27%	€ 990,00
CV	Totale serv. Terzi	€	2.345,00	5%	€	2.145,00	5%	€ 200,00
	TOTALI	€	41.191,00	89%	€	37.539,00	86%	€ 3.652,00
DIVISIONE COSTI	GESTIONI							€ -
CF= COSTI FISSI	CF	€	16.330,00	35%	€	15.096,00	35%	€ 1.234,00
CV= COSTI VARIABILI	CV	€	24.861,00	54%	€	22.443,00	51%	€ 2.418,00
	TOTALI	€	41.191,00	89%	€	37.539,00	86%	€ 3.652,00
Risultato economico gestionale		€	5.040,00	11%	€	6.044,33	14%	€ 1.004,33

Ciò comporta che per i ricavi lo scostamento con segno negativo in verità debba essere letto come positivo, dato che dimostra che i ricavi reali hanno superato quelli da budget. Per i costi, invece, uno scostamento con segno meno sarà da interpretare come negativo poiché significa che i costi reali sono maggiori di quelli previsti.

In ogni caso, gli scostamenti vanno definiti come favorevoli se aumentano i ricavi o se diminuiscono i costi e sfavorevoli nel caso contrario.

	BUDGET	CONSUNTIVO	SCOSTAMENTO TRA BUDGET E CONSUNTIVO
RICAVI	95	99	⇧ -4
Gestione acquisti	35	39	● -4
Gestione manodopera	25	27	● -2
Gestione lavorazioni di terzi	10	9	● 1
Gestione commerciale	3	2	● 1
Gestione finanziaria	2	3	● -1
Costi comuni struttura	10	9	● 1
Oneri autofinanziamento	1	2	● -1
Totale Costi	86	91	● -5
RISULTATO ECONOMICO	9	8	⇩ 1

SEGRETO n. 9: ragionare su tutti i costi ti fa pensare a essi come fattori strategici per le decisioni aziendali.

RIEPILOGO DEL CAPITOLO 2:

- SEGRETO n. 7: per rendere più leggibile il budget riclassifica i costi in gestioni.
- SEGRETO n. 8: quando affronti un budget pensa sempre in funzione della natura dei costi, fissi o variabili.
- SEGRETO n. 9: ragionare su tutti i costi ti fa pensare a essi come fattori strategici per le decisioni aziendali.

CAPITOLO 3:
Come utilizzare il break-even point

«Sono i buoni piani a dare forma alle decisioni migliori. Ecco perché una buona pianificazione aiuta i sogni a divenire realtà.»

Lester R. Bittel

Il **break-even point** (BEP), chiamato in italiano punto di pareggio, di equilibrio, di rottura o critico, raffigura la situazione economica in cui si incontrano i costi totali con i ricavi sia a livello di importo che per volumi di produzione e vendita.

Esaminandolo, ovvero tramite l'analisi costi-volumi-risultati, cioè la **break-even analysis**, ci si può permettere di fare importanti stime sul grado di elasticità o rigidità dei costi aziendali, oltre che di individuare il volume d'affari minimo al di sotto del quale l'impresa non può scendere senza gravi conseguenze per la sua stessa sopravvivenza.

Grazie al suo utilizzo, inoltre, è possibile arrivare a misurare il margine di sicurezza, cioè l'indice che esprime di quanto potrebbe calare il fatturato senza che l'impresa abbia delle perdite.

La break-even analysis consente inoltre di approfondire quale impatto le varie decisioni hanno sui costi, sui fatturati e sulle modifiche nei volumi della produzione, più in generale sul risultato economico dell'azienda.

Quindi, l'utilizzo dell'analisi costi-volumi-risultati è rilevante nel momento in cui si intende procedere alla programmazione dell'attività aziendale e al controllo di quanto conseguito.

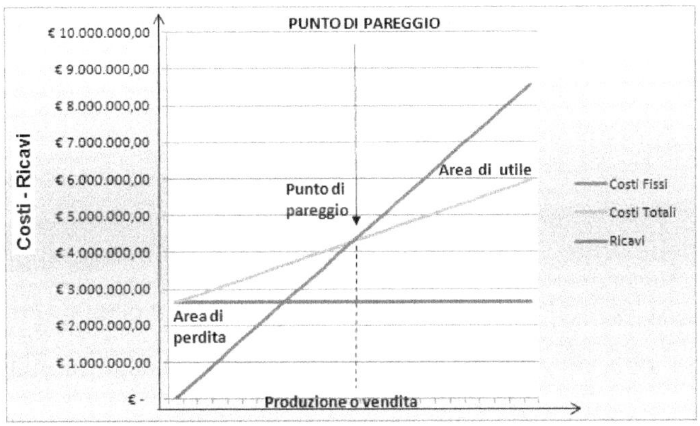

Per il calcolo del BEP è fondamentale individuare la misura del margine di contribuzione, ovvero la differenza tra i ricavi di produzione e i costi variabili.

Quest'ultimo è il contributo della gestione aziendale alla copertura dei costi fissi e la sua determinazione consente di verificare scenari alternativi condizionando di conseguenza anche la variazione del punto di equilibrio.

Durante alcuni dei miei corsi di formazione su questi argomenti, di solito, faccio un giochetto e chiedo ai partecipanti: «Secondo voi, conservando la struttura attuale e senza cambiare strategia di acquisto, mantenendo quindi inalterate le percentuali sui costi variabili, come varia il risultato economico in caso di aumento delle vendite del 10%? E se invece diminuisco di un 15%? E come cambia il punto di pareggio?»

Il più delle volte i partecipanti si dividono in due raggruppamenti. Il gruppo A individua la soluzione giusta; invece, il gruppo B sostiene che per avere la risposta corretta basta aumentare o diminuire percentualmente il risultato economico.

La modalità suggerita dal gruppo B non è del tutto esatta. Occorre infatti simulare un aumento o diminuzione del valore delle vendite e dei soli costi variabili proporzionalmente al fatturato.

Il risultato economico, come si può verificare nell'esempio sottostante, passa da 95.788,63 euro a 367.652,77 euro nel caso di un aumento del 10%, e va in perdita, passando a meno 312.007,58 euro, nell'ipotesi di una diminuzione dei ricavi del 15%. I ricavi, infatti, nei tre scenari cambiano, mentre la percentuale dei costi variabili rimane uguale e in proporzione aumentano o diminuiscono i valori dei costi.

Riclassificazione gestionale			Versione 1 =V1		Aumento Ricavi 10% da V1		Diminuzione Ricavi 15% da V1	
			Budget 2011		Budget 2011		Budget 2011	
	DESCRIZIONE	gestioni		incid.%		incid.%		incid.%
A	Totale Ricavi produzione	Ricavi	€ 4.447.834,62		€ 4.892.618,08		€ 3.780.659,43	
	Costi Variabili							
B	Totale Materie	CV	€ 1.635.482,28	36,8%	€ 1.799.030,51	36,8%	€ 1.390.159,94	36,8%
C	Totale terzi	CV	€ 93.710,94	2,1%	€ 103.082,03	2,1%	€ 79.654,30	2,1%
D	Margine di Contribuzione (A-B-C)	MC	€ 2.718.641,40	61,1%	€ 2.990.505,54	61,1%	€ 2.310.845,19	61,1%
E	CF=(Costi Fissi+Costi personale)	CF	€ 2.622.852,77	59,0%	€ 2.622.852,77	53,6%	€ 2.622.852,77	69,4%
F	RO-Risultato economico (D-E)		€ 95.788,63	2,2%	€ 367.652,77	7,5%	-€ 312.007,58	-8,3%
G	Punto di Pareggio (BEP) (E/D%)		€ 4.291.119,58		€ 4.291.119,58		€ 4.291.119,58	
I	Giorno di raggiungimento PP ((G/A)x365)		352		320		414	
H	Margine di sicurezza (A-G)/A		4		12		-14	

In questo esempio la voce "costi fissi" comprende anche le spese da sostenere per il mantenimento del personale, considerate prudenzialmente come stabili. Tale importo dovrà rimanere uguale a livello di valore assoluto; cambieranno invece le percentuali di incidenza sui ricavi. Infatti 2.622.852,77 euro di costi strutturali su 4.447.834,62 euro di ricavi portano a un'incidenza del 59%, mentre 2.622.852,77 euro su 4.892.618,08 euro di fatturato incideranno per il 53,6%. Di conseguenza si ha una variazione dell'importo del margine di contribuzione, ma la percentuale dello stesso rimane invariata.

I costi di struttura restano uguali e così anche il punto di equilibrio che sussiste nel solito valore poiché, come vedremo più avanti, è calcolato sul rapporto tra i costi fissi e il margine di contribuzione in percentuale.

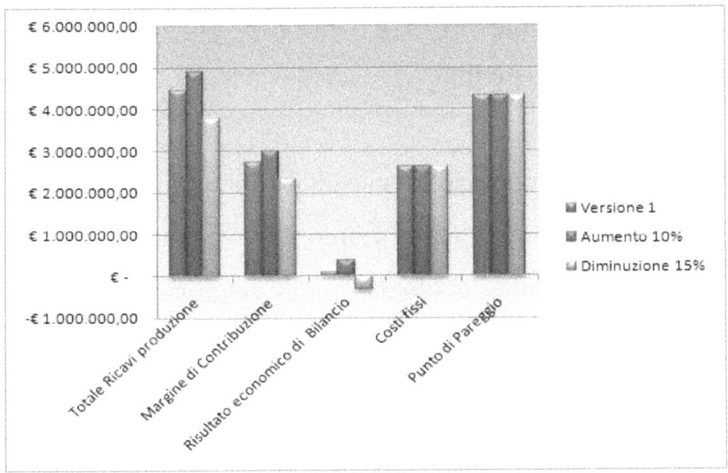

L'importo del punto di rottura, anche se rimane lo stesso, nelle tre simulazioni assume significati diversi a seconda dell'aumento o della diminuzione del fatturato.

Ipotizzando un volume d'affari costante, è possibile calcolare il giorno in cui si conseguirà il break-even point moltiplicando il rapporto BEP/ricavi per 365, cioè i giorni dell'anno.

Il raggiungimento del punto critico, che non dovrebbe mai superare i 365 giorni, nell'ipotesi 1 si ottiene al giorno 352, nel caso di aumento del 10% al giorno 320, mentre nella terza soluzione viene raggiunto nell'anno successivo, cioè al giorno 414, perché si va in perdita.

In realtà, si tratta comunque solo di un'indicazione di massima: infatti per verificare il reale giorno di ottenimento del BEP è indispensabile seguire l'evoluzione delle stagionalità del fatturato.

Infine, è opportuno determinare anche il margine di sicurezza, la cui formula è la seguente: MS (margine di sicurezza) = (ricavi previsti 4.447.834,62 euro – ricavi di pareggio 4.291.119,58 euro) / ricavi previsti 4.447.834,62 euro = 4 (MS%).

Ciò significa che nel primo caso il giro d'affari non dovrebbe diminuire oltre il 4% per non compromettere i risultati economici, nel secondo caso oltre il 12% e nel terzo invece, dato che il fatturato di pareggio è "negativo", il margine di sicurezza assumerà un valore col segno meno.

SEGRETO n. 10: utilizza la break-even analysis per verificare la validità della strategia adottata dalla tua azienda.

Come introdurre nelle previsioni i *chunky cost*

Quando fai simulazioni aziendali e prevedi una maggiorazione del volume d'affari, l'aumento della complessità dell'organizzazione dell'impresa può comportare talvolta costi incrementali da sostenere per produrre una determinata quantità supplementare di prodotti/servizi, tali da far rischiare il mancato raggiungimento dei risultati attesi.

Questa tipologia di costi, detti anche *chunky cost* (W.J. Bruns, *Accounting for Managers*, South Western Publishing Co., Cincinnati 1994), sono dovuti, per esempio, all'ampliamento delle quantità delle varianti di prodotto, all'aumento della clientela e della varietà dei mercati serviti, al maggiore numero di ordini dei clienti e all'incremento della quantità di documenti fiscali (fatture, DDT), all'accrescimento di reclami e contenziosi da clienti, e alla più complessa gestione dei fornitori.

In questi casi, il punto di rottura si sposta in avanti nel tempo e comunque, se si raggiunge, è per volumi di produzione superiori a quelli preventivati in origine nel caso in cui non si fosse tenuto conto di questi costi aggiuntivi.

A seconda, quindi, di quanto devono aumentare le vendite prima di raggiungere il punto di equilibrio, si avrà idea della misura in cui i costi strutturali sono sensibili a un aumento della complessità organizzativa.

	Riclassificazione gestionale - Ipotesi con Variazione Costi Fissi		Versione 1 =V1		Aumento Fatturato 10% da V1-Aumento Costi Fissi	
			Budget 2011		Budget 2011	
	DESCRIZIONE	gestioni		incid.%		incid.%
A	Totale Ricavi produzione	Ricavi	€ 4.447.834,62		€ 4.892.618,08	
	Costi Variabili					
B	Totale Materie	CV	€ 1.635.482,28	36,8%	€ 1.799.030,51	36,8%
C	Totale terzi	CV	€ 93.710,94	2,1%	€ 103.082,03	2,1%
D	Margine di Contribuzione (A-B-C)	MC	€ 2.718.641,40	61,1%	€ 2.990.505,54	61,1%
E	Costi Fissi+ Costi Personale	CF	€ 2.622.852,77	59,0%	€ 2.701.538,35	55,2%
F	Risultato economico (D-E)		€ 95.788,63	2,2%	€ 288.967,19	5,9%
G	Punto di Pareggio (BEP) (E/D%)		€ 4.291.119,58		€ 4.419.853,17	
I	Giorno di raggiungimento PP ((G/A)x365)		352		330	
H	Margine di sicurezza (A-G)/A		4		10	

Nell'esempio mostrato sopra partiamo dal solito caso già esaminato in precedenza e ipotizziamo un aumento dei costi di struttura, che serviranno per sostenere un'espansione del fatturato del 10%, di un 3% sul loro importo originario corrispondente a 78.685,58 euro.

Otteniamo dunque un break-even point che si muove verso destra e un risultato di equilibrio pari a 4.419.853,17 euro, contro quello di 4.291.119,58 euro calcolato nell'esempio precedente senza aver messo in conto i costi incrementali.

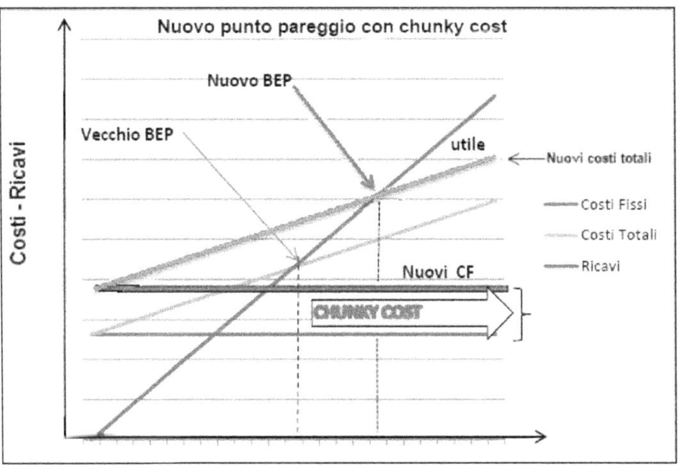

Alla luce di queste considerazioni, si può osservare che, se nelle simulazioni si stima un aumento di fatturato, nonostante generalmente i costi fissi rimangano costanti con il variare del volume d'affari, è in ogni caso importante valutare se nel caso in esame è meglio prevedere comunque una crescita anche dei costi di struttura.

Perciò è buona norma non illudersi che una maggiorazione dei ricavi porti unicamente e comunque a un risultato del tutto efficace.

L'aumento delle vendite «è positivo solo se non si crea una complessità tale da causare un aumento dei chunky cost» (Catry Ostinelli e Marco Facco, *Come applicare l'analisi di break-even*, tratto da *Amministrazione & Finanza*, Ipsoa, 1994 n. 9(9), pp. 513-518).

SEGRETO n. 11: se aumenti il volume d'affari, nelle tue simulazioni valuta se è il caso di considerare prudenzialmente anche l'incremento dei chunky cost.

Come calcolare il punto di pareggio

Per calcolare esattamente il break-even point occorre trovare la percentuale di incidenza sui ricavi del margine di contribuzione.

Ritornando all'esempio sopra riportato, si prende il totale dei costi fissi (CF) pari a 2.622.852,77 euro e si divide per la percentuale del margine di contribuzione (MC%), nel nostro caso il

61,1%:BEP = (CF) 2.622.852,77 euro / (MC%) 61,1% = 4.291.119,58 euro.

Nel caso in cui si abbia la necessità di sapere quanti prodotti bisognerà vendere per raggiungere il punto critico, si procederà in questo modo: prima di tutto si calcola il margine di contribuzione di ogni singolo prodotto. Il prezzo di vendita detratti i costi variabili unitari darà come risultato la contribuzione unitaria.

Poiché abbiamo detto che il margine di contribuzione serve per coprire le spese fisse di struttura, a questo punto per verificare quanti prodotti servono per arrivare alla loro copertura, ovvero alla quantità di pareggio, dobbiamo effettuare il rapporto tra l'ammontare totale dei costi fissi aziendali e il margine di contribuzione per prodotto: (CF) costi fissi totali / MC unitario = Quantità (QT) o numero pezzi da vendere per raggiungere il punto di equilibrio.

Ritornando sempre al nostro esempio, supponiamo nell'ipotesi 1 che per ottenere un fatturato di 4.447.834,62 euro si stimi di vendere 100.000 pezzi di prodotto X. Il margine di contribuzione per prodotto sarà quindi di 27,19 euro.

Adesso per trovare il numero di pezzi da vendere per andare in pareggio occorrerà dividere i costi fissi totali per il margine di contribuzione per prodotto cioè: num. pezzi = (CF) 2.622.852,77 euro / (MC unitario) 27,19 euro = 96.476,60 (numero pezzi da vendere per il raggiungimento della quantità di equilibrio).

Quanto al punto di pareggio il calcolo sarà il seguente: punto di pareggio = 96.476,60 (num. pezzi) X 44,48 euro (prezzo vendita) = 4.291.119,58 euro.

È evidente che quando il punto critico è alto significa che il prodotto o servizio è poco redditizio oppure che la struttura è poco efficace.

Con questo tipo di analisi si può verificare la validità del sistema di produzione e appurare, per esempio, se alcuni macchinari sono tecnologicamente superati rispetto alle necessità dei processi aziendali oppure se producono eccessivamente.

Si può anche individuare la presenza di situazioni economiche poco favorevoli per le sorti dell'azienda, quali, per esempio, una inopportuna rigidità della struttura a causa dell'eccessivo livello dei costi, caso rappresentato nell'esempio sotto riportato.

	Ipotesi con Variazioni volumi vendita	Soluzione V1		Aumento volume vendite del 10% da Sol.V1: CF=Costanti	
A	Quantità venduta	100.000,00		110.000,00	
B	Prezzo vendita unitario	€ 44,48		€ 44,48	
C	Ricavi produzione (AxB)		€ 4.447.834,62		€ 4.892.618,08
D	Costi Variabili per prodotto	€ 17,29		€ 17,29	
E	Costi variabili totali(DxA)		€ 1.729.193,22		€ 1.902.112,54
F	Margine di Contribuzione Unitario (B-D)	€ 27,19		€ 27,19	
G	Margine di Contribuzione Totale (C-E)		€ 2.718.641,40		€ 2.990.505,54
H	Costi Fissi	€ 2.622.852,77	€ 2.622.852,77	€ 2.622.852,77	€ 2.622.852,77
I	**Risultato economico (Reddito Operativo)(G-H)**		€ 95.788,63		€ -
R	**Risultato economico (Reddito Operativo)(G-H) con aumento vendite 10%**				€ 367.652,77
L	**Quantità di pareggio**	96.476,60		96.476,60	
M	Punto di Pareggio (BEP) (LxB)		€ 4.291.119,58		€ 4.291.119,58
N	**Leva Operativa (MC/RO)=(G/I)**		€ 28,38		€ 8,13
O	Aumento % del Reddito Operativo per incremento volume vendita (Nx10)				283,8%
P	Importo del Reddito Operativo per incremento volume vendita da sol.V1 (I V1 x O)				€ 271.864,14
Q	Previsione Reddito Operativo con aumento da Sol. V1 (P+R)				€ 367.652,77

Per verificare tale situazione può essere utile determinare la "leva operativa", un valore che si ottiene facendo il rapporto tra il margine di contribuzione e il reddito operativo o caratteristico (MC / RO), ovvero calcolare quanto rimane una volta coperti i costi di struttura.

All'aumentare del valore di tale indicatore, aumenta anche la pericolosità della gestione: infatti, più cresce la leva operativa e più peso hanno i costi fissi, più l'impresa risulta esposta al rischio operativo, e quindi alle perdite.

La valutazione della variazione percentuale del reddito caratteristico è uguale alla stima della variazione percentuale del fatturato moltiplicata per la leva operativa. Se infatti, come nel nostro caso, si prevede una crescita del volume di vendita del 10% e la leva operativa aziendale è del 28,38% (quindi abbastanza rischiosa per i molti costi strutturali), il reddito della gestione caratteristica crescerà di 10 X 28,38% = 283,8%.

Naturalmente gioca un ruolo importante la stabilità dei costi al variare dei volumi operativi. Nel nostro caso, per semplicità abbiamo ipotizzato che le spese siano costanti; se avessimo però presunto l'effetto *chunky cost* la leva operativa sarebbe peggiorata.

Quest'ultimo è uno strumento che permette l'analisi della redditività dei risultati aziendali al variare delle ipotesi di contesto economico chiamate anche analisi *what if*, “cosa accadrebbe se”, volte alla determinazione di differenti conseguenze derivate da diverse ipotesi iniziali.

La definizione della leva operativa comprova la sua utilità anche quando ci sono da realizzare stime di convenienza *make or buy*, cioè se si vuole produrre internamente o acquistare all’esterno, e il suo calcolo serve per verificare cosa succede se si modifica il risultato tramite lo spostamento di costi strutturali in spese esterne variabili.

Il fatturato di pareggio si può calcolare oltre che per prodotto anche per linea di produzione, rapportando i soli costi fissi specifici del settore di produzione al margine percentuale di linea.

	BUDGET ANALITICO	PRODOTTO A / LINEA PRODUZIONE A		PRODOTTO B/ LINEA PRODUZIONE B		TOTALE PRODOTTI/SOMMA LINEE PRODUZIONE	
	DESCRIZIONE		incid.%		incid.%		incid.%
A	Totale Ricavi	€ 1.110.000,00		€ 1.243.200,00		€ 2.353.200,00	
	Costi Variabili						
B	Totale Materie	€ 399.600,00	36,0%	€ 460.978,56	37,1%	€ 860.578,56	36,6%
C	Totale terzi	€ 99.900,00	9,0%	€ 117.482,40	9,5%	€ 217.382,40	9,2%
D	Margine di Contribuzione (A-B-C)	€ 610.500,00	55%	€ 664.739,04	53%	€ 1.275.239,04	54%
E	Costi Fissi+ Costi Personale	€ 466.200,00	42,0%	€ 609.168,00	49,0%	€ 1.075.368,00	45,7%
F	Risultato economico (D-E)	€ 144.300,00	13%	€ 55.571,04	4%	€ 199.871,04	8%
G	Punto di Pareggio (BEP) (E/D%)	€ 847.636,36		€ 1.139.270,62		€ 1.984.377,75	

In base alla mia esperienza professionale, la break-even analysis è uno strumento fondamentale, uno dei punti di forza di tutta la pianificazione e la programmazione.

Il punto di equilibrio è infatti un obiettivo da stabilire sin dalla prima formulazione del budget, perché permette all'imprenditore di capire in anticipo se la sua strategia economica sarà valida o se serve modificarla.

SEGRETO n. 12: adopera il punto di pareggio per sapere in anticipo quanto dovrai produrre e fatturare per ottenere un guadagno.

Come monitorare il punto di pareggio

Il punto di equilibrio si può calcolare a consuntivo. Tuttavia, dato che, come tutto il controllo gestionale, serve anche a indirizzare le scelte per il futuro, è indispensabile verificare in corso d'esercizio se si prevede di riuscire a mantenere o a raggiungere il BEP preventivato.

Per farlo, è necessario controllarne il trend. Si tratta di un sistema maturato dall'esperienza e soprattutto dalle domande degli imprenditori e dei loro collaboratori, che durante il controllo degli scostamenti mi chiedevano come si facesse a trovare e verificare il punto di pareggio a marzo, giugno o a settembre.

Occorre, quindi, controllare durante l'anno la percentuale di margine di contribuzione e conteggiare l'ammontare dei costi fissi, per vedere se sono in linea con quelli preventivati.

Una volta verificato che le spese fisse siano coerenti col preventivo, bisogna dividere il loro totale calcolato nel budget per il nuovo margine di contribuzione che risulta alla data del nuovo controllo.

Nel caso in cui i costi strutturali mutino, sarà necessario ricalcolarli in proiezione per l'anno in corso e applicare la formula al nuovo risultato.

	Riclassificazione gestionale		Versione 1		30/06/2011	
			Budget 2011		consuntivo	
	DESCRIZIONE	gestioni		incid.%		incid.%
A	Totale Ricavi produzione	Ricavi	€ 4.447.834,62		€ 2.237.367,31	
	Costi Variabili					
B	Totale Materie	CV	€ 1.635.482,28	36,8%	€ 774.129,09	34,6%
C	Totale terzi	CV	€ 93.710,94	2,1%	€ 51.459,45	2,3%
D	Margine di Contribuzione (A-B-C)	MC	€ 2.718.641,40	61,12%	€ 1.411.778,77	63,1%
E	(Costi Fissi+Costi Personale)=CF	CF	€ 2.622.852,77	59,0%	€ 1.293.926,39	57,8%
F	Risultato economico (D-E)		€ *95.788,63*	2,2%	€ *117.852,39*	5,3%
G	Punto di Pareggio (BEP) (E/D%)		€ 4.291.119,58			
I	Giorno di raggiungimento PP ((G/A)x365)		352			
L	Giorno di raggiungimento PP TREND ((M/A)x365)				335	
M	PP TREND (E/D%)				€ 4.101.192,98	

Facendo il rapporto tra costi fissi e la nuova percentuale del margine di contribuzione si può quantificare il break-even point aggiornato o, come l'ho già definito nel mio ebook pubblicato nel 2008 da Bruno Editore *Amministrare l'Azienda*, il "punto di pareggio trend".

Dall'esempio sopra indicato, si può notare che il margine di contribuzione è migliorato: è infatti passato dal 61,1% preventivato al 63,1%, e i costi fissi sono diminuiti, dal momento che è stata ipotizzata una diversa strategia di acquisto automezzi e macchinari, che ha portato a una riduzione dei leasing previsti in sede di budget.

Mi sono basato sui costi fissi al 30 giugno 2011, che si discostano in positivo dal preventivato di circa 35.000 euro annui, dal momento che, come abbiamo appena visto, sono diminuiti. I dati semestrali riproiettati danno le spese strutturali probabili al 31 dicembre 2011. Per ottenere questo risultato, si divideranno i nuovi costi fissi con il margine di contribuzione percentuale al 30 giugno 2011 e si otterrà il punto di pareggio trend, secondo la seguente formula: CF (costi fissi) riconteggiati annui = 1.293.926,39 euro X 2 (semestri) = 2.587.852,78 euro; PP trend = CF (ricalcolati) 2.587.852,78 euro / MC 63,1% = 4.101.192,98 euro.

Con i nuovi dati, in prospettiva, si ha un miglioramento del punto di equilibrio.

SEGRETO n. 13: il calcolo del trend del punto di equilibrio consente di verificarne il suo spostamento nel corso dell'anno.

RIEPILOGO DEL CAPITOLO 3:

- SEGRETO n. 10: utilizza la break-even analysis per verificare la validità della strategia adottata dalla tua azienda.
- SEGRETO n. 11: se aumenti il volume d'affari, nelle tue simulazioni valuta se è il caso di considerare prudenzialmente anche l'incremento dei chunky cost.
- SEGRETO n. 12: adopera il punto di pareggio per sapere in anticipo quanto dovrai produrre e fatturare per ottenere un guadagno.
- SEGRETO n. 13: il calcolo del trend del punto di equilibrio consente di verificarne il suo spostamento nel corso dell'anno.

CAPITOLO 4:

Come gestire la pianificazione finanziaria

«Il vero viaggio di scoperta consiste non nella ricerca di nuove terre ma nel vedere con nuovi occhi.»

Marcel Proust

Dopo aver predisposto il budget economico, ecco che diventa essenziale verificare se le nostre strategie sono compatibili dal punto di vista monetario con il budget di cassa, una vera e propria linea guida strategica per i movimenti finanziari futuri.

La pianificazione è un utile strumento per prevedere quale sarà la situazione finanziaria a seconda della strategia che si vuole adottare e risponde benissimo a quesiti del tipo: «Cosa succede se agisco così? E se invece mi comporto in quest'altro modo?» Cambiare strategia e ipotizzare valori diversi per il budget di cassa ti può aiutare ad affrontare ogni variabile finanziaria.

La pianificazione finanziaria è poco utilizzata dalle imprese italiane soprattutto dalle piccole aziende; tuttavia, potrebbe aiutare a gestire meglio le richieste di finanziamento poiché consente di "vedere" in anticipo quello che può verificarsi a livello finanziario a seconda delle strategie imprenditoriali poste in essere.

Grazie a questo tipo di pianificazione ci si può preparare adeguatamente e richiedere in anticipo i giusti finanziamenti, evitando così di ritrovarsi all'ultimo momento a rincorrere e a "supplicare" il bancario di turno affinchè velocizzi al massimo la pratica di richiesta di credito.

Nel corso della mia esperienza, ho potuto osservare tante aziende economicamente sane che, applicando la pianificazione, non hanno avuto e non hanno tuttora problemi finanziari. Godono di un giusto equilibrio e possono pertanto permettersi di navigare a gonfie vele, ottenendo facilmente credito in banca e riuscendo, di conseguenza, anche a investire in miglioramenti e tecnologie.

Ho invece visto e sentito storie di imprenditori appartenenti ai più svariati settori che vivono la gestione finanziaria alla giornata, rincorrendo gli incassi e i fatturati per coprire i debiti. Parecchi di loro non fanno budget economici né tantomeno finanziari. Questa scelta li ha portati a prendere decisioni non coadiuvate da strategie finanziarie e a non riuscire ad affrontare gli imprevisti: sono quindi stati costretti a indebitarsi eccessivamente con le banche e non hanno potuto adeguatamente valutare le opportune forme di finanziamento. In questi casi, senza un capitale alle spalle e con il bisogno "disperato" di liquidità, il più delle volte non si riesce a trovare l'aiuto necessario in tempi rapidi.

Mi è capitato di osservare aziende che prima del 2008 erano in salute, tanto che le banche concedevano loro finanziamenti senza alcuna esitazione. Un anno dopo, a seguito dell'esplosione della crisi mondiale, si sono però ritrovate a soffrire la mancanza di liquidità dovuta sia alle drastiche riduzioni di fatturato, conseguenza naturale della contrazione dei mercati, che agli aumenti di insoluti.

In quel momento, in cui sarebbe stato opportuno un aiuto maggiore da parte del sistema bancario, molte imprese si sono viste sbattere le porte in faccia dalle stesse banche che un anno prima cercavano di accaparrarsele come clienti.

«L'uomo riesce a fare qualcosa solo dopo aver compreso che deve contare solo su se stesso.»
(Jean Paul Sartre)

Molti di questi imprenditori, accomunati dalla rincorsa ai finanziamenti, erano distolti per gran parte delle ore lavorative dalla loro attività principale, e spesso non riuscivano a vendere e produrre come avrebbero dovuto, oppressi dal pensiero dei debiti.

Alcuni di loro hanno cominciato a riprendere fiato applicando e seguendo il budget economico e finanziario che, oltre a motivarli, offriva una corretta rappresentazione della realtà. Gli imprenditori, a questo punto, avevano un obiettivo da raggiungere e, anche senza il supporto del sistema bancario, grazie alla loro volontà e alla loro "testardaggine" sono riusciti a risollevare le sorti delle rispettive aziende.

Insomma, ai fini delle concessioni di credito, ormai contano sempre più i numeri scritti nei bilanci e il comportamento che l'impresa ha nei conti correnti bancari rispetto alla sua storia.

Mensilmente, infatti, la banca assegna all'azienda uno *scoring*, una sorta di voto, che, insieme alle sue garanzie e al reddito scritto nel Modello Unico, ne determina la "forza contrattuale", ovvero il *rating*, una valutazione del merito creditizio che permetterà eventualmente all'imprenditore di accedere al credito bancario con maggiore o minore facilità.

Quindi, la pianificazione finanziaria può essere utile anche per autovalutarsi e di conseguenza contare sempre di più sulle proprie forze. Per tutte queste ragioni sono sempre più convinto che il budget di cassa sia uno strumento fondamentale per organizzare e controllare al meglio l'equilibrio e il livello della liquidità.

SEGRETO n. 14: il budget di cassa deve avere come effetto quello di assicurare le risorse finanziarie al momento necessario, scongiurando pericoli per mancanze di liquidità.

Come impostare il budget di cassa

Per l'elaborazione del budget di cassa si ricorre di solito a uno schema che riunisce tutte le entrate e le uscite mensili. Se si necessita invece di pianificazioni più dettagliate, si possono utilizzare anche schemi divisi in quindici giorni. In entrambi i casi, nel modello deve essere riportato il saldo iniziale proveniente dalla somma dei conti correnti bancari e il saldo di cassa.

Costruendo il proprio schema è possibile apportare delle modifiche personali e, per esempio, inserire i saldi divisi banca per banca. Per semplicità nel prospetto è stata considerata la somma di tutti i conti bancari.

A seguire si inseriscono mese per mese le entrate previste. Per un'impresa già esistente si comincia dai crediti registrati nello scadenziario: la loro somma totale mensile deve essere inserita nella casellina corrispondente al mese di scadenza. Poi è la volta delle scadenze provenienti dall'elaborazione del budget economico. Abbiamo esaminato precedentemente l'importanza di scrivere oltre che il mese di previsione di fatturazione anche le modalità di pagamento dei clienti. Si tratta infatti di un'indicazione preziosa per calcolare gli incassi previsti dei crediti. Stesso sistema si applica ai debiti.

GENNAIO

Calcolo Crediti	Imponibili	Tipo di pagamento	30 gg febbraio	60gg marzo	90 gg aprile	120 gg maggio	150 giugno	
CLIENTE 1	€ 25.689,00	30/60/90	€ 8.563,00	€ 8.563,00	€ 8.563,00			
CLIENTE 2	€ 36.890,00	60		€ 36.890,00				
CLIENTE 3	€ 35.000,00	60		€ 35.000,00				
CLIENTE 4	€ 40.000,00	90			€ 40.000,00			
CLIENTE 5	€ 78.904,00	90			€ 78.904,00			
CLIENTE 6	€ 30.000,00	90			€ 30.000,00			
CLIENTE 7	€ 40.000,00	90/120			€ 20.000,00	€ 20.000,00		
CLIENTE 8	€ 90.000,00	90/120/150			€ 30.000,00	€ 30.000,00	€ 30.000,00	
CLIENTE 9	€ 75.000,00	120				€ 75.000,00		
CLIENTE 10	€ 13.517,00	120				€ 13.517,00		
Totale fatturato mese	**€ 465.000,00**		**€ 8.563,00**	**€ 80.453,00**	**€ 207.467,00**	**€ 138.517,00**	**€ 30.000,00**	**€ 465.000,00**
Totale con Iva			**€ 10.275,60**	**€ 96.543,60**	**€ 248.960,40**	**€ 166.220,40**	**€ 36.000,00**	**€ 558.000,00**

Calcolo Debiti	Imponibili	Tipo di pagamento	30 gg febbraio	60gg marzo	90 gg aprile	120 gg maggio	150gg giugno	
	GENNAIO							
Acquisti	€ 171.120,00	60/90/120		€ 57.040,00	€ 57.040,00	€ 57.040,00		
Terzi	€ 9.765,00	60/90/120		€ 3.255,00	€ 3.255,00	€ 3.255,00		
totale variabile	**€ 180.885,00**		€ -	**€ 60.295,00**	**€ 60.295,00**	**€ 60.295,00**	€ -	**€ 180.885,00**
Totale con Iva			€ -	**€ 72.354,00**	**€ 72.354,00**	**€ 72.354,00**	€ -	**€ 217.062,00**

Gli incassi previsti si dividono mese per mese e sull'impostazione delle vendite si calcolano i costi variabili che occorrono secondo le percentuali indicate nel budget economico sulla base dei ricavi. Per esempio il 36,8% di acquisti materiali e il 2,1% di terzi.

Se non è possibile dettagliare la clientela, è comunque consigliabile fare una media realistica tra coloro che pagano a 30-60-90-120 giorni, e inserirla nei mesi di scadenza.

Continuando con la divisione mensile si arriva poi a uno schema di riepilogo che dovrà contenere la somma delle scadenze previste per tutto l'anno: in orizzontale saranno elencati i crediti delle fatture dei mesi inseriti in verticale.

CREDITI E DEBITI COMMERCIALI						
RIEPILOGO SCAD PREVENTIVATE ATTIVE	gen-11	feb-11	mar-11	apr-11	mag-11	giu-11
DA FATTURE MESE						
GENNAIO		€ 10.275,60	€ 96.543,60	€ 248.960,40	€ 166.220,40	€ 36.000,00
FEBBRAIO			0	€ 87.600,00	€ 199.600,00	€ 158.220,40
MARZO				9.200,00 €	190.760,00 €	210.000,00 €
TOTALE GENERALE DA RIPORTARE NEL FLUSSO DI CASSA ATTIVO	€ -	€ 10.275,60	€ 96.543,60	€ 345.760,40	€ 556.580,40	€ 404.220,40
SCAD PREVENTIVATE PASSIVE	gen-11	feb-11	mar-11	apr-11	mag-11	giu-11
GENNAIO		- €	- 72.354,00 €	- 72.354,00 €	- 72.354,00 €	- €
FEBBRAIO			-€ 55.516,37	-€ 55.516,37	-€ 55.516,37	€ -
MARZO			0	-€ 71.062,52	-€ 71.062,52	-€ 71.062,52
TOTALE GENERALE DA RIPORTARE NEL FLUSSO DI CASSA PASSIVO	€ -	€ -	-€ 127.870,37	-€ 198.932,89	-€ 198.932,89	-€ 71.062,52

Nell'esempio sopra riportato, tra le entrate di gennaio è stato anche considerato un finanziamento preso per diminuire il debito bancario a breve. Il finanziamento dovrà essere restituito in 5 anni a cominciare dal mese successivo all'accredito. Alla voce "rimborso finanziamento", sono previste le rate mensili.

	BUDGET DI CASSA	gen-11	feb-11	mar-11	apr-11	mag-11	giu-11
	SALDO INIZIALE TOTALE CASSA+ CONTI CORRENTI	-€ 170.500,00					
	ENTRATE	gen-11	feb-11	mar-11	apr-11	mag-11	giu-11
A	SALDO A RIPORTO	-€ 170.500,00	-€ 195.200,00	-€ 248.160,40	-€ 324.204,17	-€ 279.971,66	-€ 20.269,15
	ENTRATE DA CREDITI CON BONIFICO IN SCADENZIARIO	€ 112.000,00	€ 234.689,00	€ 145.678,00			
	ENTRATE PREVISTE DA BUDGET		€ 10.275,60	€ 96.543,60	€ 345.760,40	€ 556.580,40	€ 404.220,40
	FINANZIAMENTO BANCA	€ 150.000,00					
B	TOT. ENTRATE	€ 262.000,00	€ 244.964,60	€ 242.221,60	€ 345.760,40	€ 556.580,40	€ 404.220,40
	FORNITORI GIA' IN SCADENZIARIO	-€ 183.000,00	-€ 189.000,00	-€ 87.000,00	-€ 12.000,00	-€ 13.450,00	
	USCITE PREVISIONALI DEBITI COMMERCIALI DA BUDGET		€ -	-€ 127.870,37	-€ 198.932,89	-€ 198.932,89	-€ 191.062,52
	ESBORSI PER PERSONALE	-€ 45.000,00	-€ 45.000,00	-€ 45.000,00	-€ 45.000,00	-€ 45.000,00	-€ 45.000,00
	PAGAMENTO F24 (INPS/INAIL)	-€ 20.000,00	-€ 30.000,00	-€ 21.000,00	-€ 21.000,00	-€ 21.000,00	-€ 21.000,00
	IVA	-€ 32.000,00	-€ 19.000,00	-€ 18.000,00	-€ 15.000,00	-€ 9.000,00	-€ 16.000,00
	ACCANTONAMENTI VARI (AUTOFINANZIAM)	-€ 1.000,00	-€ 1.000,00	-€ 1.000,00	-€ 1.000,00	-€ 1.000,00	-€ 1.000,00
	ASSICURAZIONI		-€ 5.430,00				-€ 3.300,00
	COMPETENZE E INT BANCARI	-€ 100,00	-€ 100,00	-€ 10.000,00	-€ 200,00	-€ 100,00	-€ 9.000,00
	LEASING	-€ 2.130,00	-€ 2.130,00	-€ 2.130,00	-€ 2.130,00	-€ 2.130,00	-€ 2.130,00
	SPESE STRUTTURA	-€ 3.470,00	-€ 3.470,00	-€ 3.470,00	-€ 3.470,00	-€ 3.470,00	-€ 3.470,00
	RIMBORSO FINANZIAMENTO		-€ 2.795,00	-€ 2.795,00	-€ 2.795,00	-€ 2.795,00	-€ 2.795,00
	IMPOSTE						-€ 15.000,00
C	TOTALE USCITE	-€ 286.700,00	-€ 297.925,00	-€ 318.265,37	-€ 301.527,89	-€ 296.877,89	-€ 309.757,52
D	SALDO DIFF.MESE (B-C)	-€ 24.700,00	-€ 52.960,40	-€ 76.043,77	€ 44.232,51	€ 259.702,51	€ 94.462,88
	SALDO FINALE (A+D)	-€ 195.200,00	-€ 248.160,40	-€ 324.204,17	-€ 279.971,66	-€ 20.269,15	€ 74.193,73
	FIDO ACCORDATO TOTALE	-€ 300.000,00	-€ 300.000,00	-€ 300.000,00	-€ 300.000,00	-€ 300.000,00	-€ 300.000,00
		gen-11	feb-11	mar-11	apr-11	mag-11	giu-11

Per quanto riguarda le uscite, i debiti seguono la solita regola dei crediti, cioè si suddividono per mese di scadenza, elencando prima quelli già esistenti e successivamente quelli preventivati a budget.

A seconda del dettaglio che si vuole dare al proprio schema, si può ulteriormente distinguere tra debiti che devono essere saldati senza possibilità di dilazione e debiti che potrebbero essere traslati ai mesi successivi.

Considerare queste variabili, per rinviare parte dei pagamenti, costituisce un elemento di flessibilità che consente un maggior margine di movimento nella conduzione dei flussi monetari, nell'ottica di trovarsi in una situazione il più possibile equilibrata.

Nelle uscite, inoltre, sono da inserire gli esborsi per le retribuzioni del personale, le uscite per gli F24 per INPS e INAIL, l'IVA, gli accantonamenti, le assicurazioni, i leasing, le spese di struttura, gli oneri bancari e gli interessi passivi (da notare, in questo caso, un'uscita maggiore ogni trimestre, quando arrivano gli estratti conto con il conteggio delle competenze); infine, vanno considerate anche le imposte da pagare nei mesi in cui è previsto l'esborso.

A questo punto, si sommano tutte le entrate, si sottraggono tutte le uscite, e si arriva a una differenza mensile (punto D dello schema). Questo risultato sommato al saldo a riporto determina la liquidità che dovrà essere riportata nella cella (punto A dello schema) per i calcoli del mese successivo.

Il saldo finale è basilare per verificare quale sarà l'andamento futuro della liquidità e per prendere visione in anticipo di un eventuale ulteriore bisogno di affidamenti bancari o per assicurarsi che quelli già posti in essere siano sufficienti.

Nel nostro esempio troviamo che a marzo 2011 si avrà uno sconfinamento oltre il fido accordato (300.000 euro) di 24.270 euro (contrassegnato in rosso): ciò significa che occorre preventivamente e nei tempi giusti recarsi in banca a chiedere almeno un aumento temporaneo di affidamento per coprire l'eventuale sconfinamento dal limite accordato, oppure rivedere i pagamenti cercando di spostarli più avanti nel tempo.

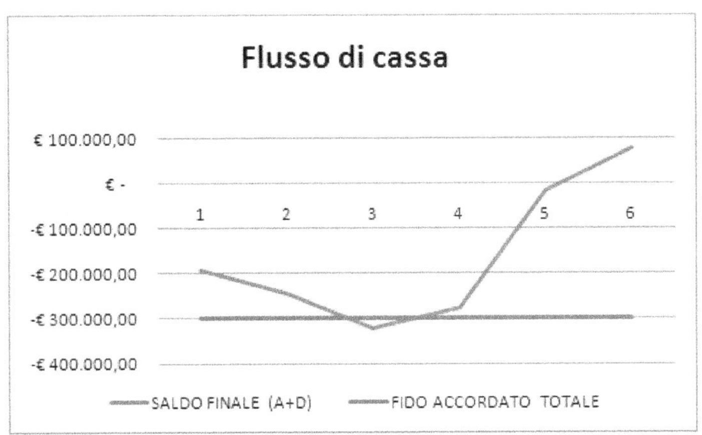

Anche in questo caso sarà interessante, come in tutto il controllo gestionale, verificare anche le entrate e le uscite a consuntivo e confrontare gli eventuali scostamenti, per prendere ancora più confidenza con le simulazioni e le programmazioni finanziarie.

	BUDGET DI CASSA	gen-11	gen-11	gen-11	feb-11	feb-11	feb-11
		preventivo	consuntivo	scostamento	preventivo	consuntivo	scostamento
	SALDO INIZIALE TOTALE CASSA+ CONTI CORRENTI	-€ 170.500,00	-€ 165.790,00	-€ 4.710,00	-€ 195.200,00	-€ 199.213,00	€ 4.013,00
	ENTRATE						
A	SALDO A RIPORTO	-€ 170.500,00	-€ 165.790,00	-€ 4.710,00	-€ 195.200,00	-€ 199.213,00	€ 4.013,00
	ENTRATE DA CREDITI CON BONIFICO IN SCADENZIARIO	€ 112.000,00	€ 103.000,00	€ 9.000,00	€ 234.689,00	€ 213.000,00	€ 21.689,00
	ENTRATE PREVISTE DA BUDGET			€ -	€ 10.275,60	€ 19.000,00	-€ 8.724,40
	FINANZIAMENTO BANCA ……..	€ 150.000,00	€ 150.000,00	€ -			€ -
B	TOT. ENTRATE	€ 262.000,00	€ 253.000,00	€ 9.000,00	€ 244.964,60	€ 232.000,00	€ 12.964,60
	FORNITORI GIA' IN SCADENZIARIO	-€ 183.000,00	-€ 182.900,00	-€ 100,00	-€ 189.000,00	-€ 172.900,00	-€ 16.100,00
	USCITE PREVISIONALI DEBITI COMMERCIALI DA BUDGET			€ -	€ -		€ -
	ESBORSI PER PERSONALE	-€ 45.000,00	-€ 44.000,00	-€ 1.000,00	-€ 45.000,00	-€ 43.500,00	-€ 1.500,00
	PAGAMENTO F24 (INPS/INAIL)	-€ 20.000,00	-€ 22.300,00	€ 2.300,00	-€ 30.000,00	-€ 21.200,00	-€ 8.800,00
	IVA	-€ 32.000,00	-€ 30.000,00	-€ 2.000,00	-€ 19.000,00	-€ 21.900,00	€ 2.900,00
	ACCANTONAMENTI VARI (AUTOFINANZIAM)	-€ 1.000,00	-€ 1.000,00	€ -	-€ 1.000,00	-€ 1.000,00	€ -
	ASSICURAZIONI			€ -	-€ 5.430,00	-€ 5.400,00	-€ 30,00
	COMPETENZE E INT BANCARI	-€ 100,00	-€ 98,00	-€ 2,00	-€ 100,00	-€ 130,00	€ 30,00
	LEASING	-€ 2.130,00	-€ 2.125,00	-€ 5,00	-€ 2.130,00	-€ 2.135,00	€ 5,00
	SPESE STRUTTURA	-€ 3.470,00	-€ 4.000,00	€ 530,00	-€ 3.470,00	-€ 3.380,00	-€ 90,00
	RIMBORSO FINANZIAMENTO			€ -	-€ 2.795,00	-€ 2.795,00	€ -
	IMPOSTE			€ -			€ -
C	TOTALE USCITE	-€ 286.700,00	-€ 286.423,00	-€ 277,00	-€ 297.925,00	-€ 274.340,00	-€ 23.585,00
D	SALDO DIFF.MESE (B-C)	-€ 24.700,00	-€ 33.423,00	€ 8.723,00	-€ 52.960,40	-€ 42.340,00	-€ 10.620,40
	SALDO FINALE (A+D)	-€ 195.200,00	-€ 199.213,00	€ 8.269,00	-€ 248.160,40	-€ 241.553,00	-€ 6.607,40
	FIDO ACCORDATO TOTALE	-€ 300.000,00	-€ 300.000,00		-€ 300.000,00	-€ 300.000,00	
		gen-11			feb-11		

Il budget di cassa può abbracciare periodi più o meno brevi. Può anche comprendere periodi da uno a cinque anni, laddove vengano effettuati piani di investimento.

Da non dimenticare poi uno strumento molto semplice ma estremamente significativo: il budget di tesoreria, che serve per gestire i movimenti e i rapporti con le banche nel breve termine.

Io di solito utilizzo uno schema per ogni banca, dove, partendo dal saldo iniziale, vengono previste entrate e uscite in un periodo generalmente tra i tre e i sei mesi.

È consigliabile aggiornare tale prospetto ogni 10-15 giorni; anche nei casi di massima tranquillità finanziaria dovrebbe comunque essere rivisto minimo una volta al mese. Questo può essere un primo passo per arrivare a costruire budget di cassa per lo meno annui.

Ecco come si può presentare lo schema utilizzando i soliti numeri della pianificazione finanziaria. Si noterà che a febbraio è previsto un saldo negativo di 248.160,40 euro.

	FIDO ACCORDATO TOTALE BANCA		€ 300.000,00	
	MOVIMENTI PREVENTIVI BANCA			
DATA	DESCRIZIONE	ENTRATE	USCITE	SALDO PROGRESSIVO
02/01/2011	SALDO INIZIALE TOTALE CONTO CORRENTE N.			-€ 170.500,00
10/01/2011	ENTRATE DA CREDITI CON BONIFICO	€ 112.000,00		-€ 58.500,00
15/01/2011	FINANZIAMENTO BANCA	€ 150.000,00		€ 91.500,00
15/01/2011	PAGAMENTO PERSONALE		-€ 45.000,00	€ 46.500,00
16/01/2011	PAGAMENTO F24 INPS		-€ 20.000,00	€ 26.500,00
16/01/2011	IVA		-€ 32.000,00	-€ 5.500,00
20/01/2011	ACCANTONAMENTI VARI		-€ 1.000,00	-€ 6.500,00
25/01/2011	LEASING		-€ 2.130,00	-€ 8.630,00
31/01/2011	SPESE STRUTTURA		-€ 3.470,00	-€ 12.100,00
31/01/2011	FORNITORI		-€ 183.000,00	-€ 195.100,00
31/01/2011	SPESE BANCA		-€ 100,00	-€ 195.200,00
10/02/2011	ENTRATE DA CREDITI CON BONIFICO	€ 234.689,00		€ 39.489,00
15/02/2011	PAGAMENTO PERSONALE		-€ 45.000,00	-€ 5.511,00
16/02/2011	PAGAMENTO F24 (INPS/INAIL)		-€ 30.000,00	-€ 35.511,00
16/02/2011	IVA		-€ 19.000,00	-€ 54.511,00
20/02/2011	ACCANTONAMENTI VARI		-€ 1.000,00	-€ 55.511,00
23/02/2011	ASSICURAZIONI		-€ 5.430,00	-€ 60.941,00
25/02/2011	LEASING		-€ 2.130,00	-€ 63.071,00
25/02/2011	SPESE STRUTTURA		-€ 3.470,00	-€ 66.541,00
28/02/2011	SPESE BANCA		-€ 100,00	-€ 66.641,00
28/02/2011	RIMBORSO FINANZIAMENTO		-€ 2.795,00	-€ 69.436,00
28/02/2011	ENTRATE PREVISTE DA BUDGET	€ 10.275,60		-€ 59.160,40
28/02/2011	FORNITORI		-€ 189.000,00	-€ 248.160,40

SEGRETO n. 15: ricordati di utilizzare il budget di tesoreria, che ti mostrerà l'andamento futuro delle disponibilità monetarie nel breve periodo.

Il punto di pareggio finanziario

Con la pianificazione dei flussi finanziari si possono analizzare anche diverse ipotesi e verificare qual è la migliore situazione di equilibrio tra entrate e uscite. Ciò permetterà anche all'imprenditore di misurare il rischio di un investimento pluriennale, quale può essere l'acquisto di immobili, macchinari, attrezzature, brevetti, marchi.

Mi è capitato spesso che un'idea, all'apparenza buona, risultasse non altrettanto valida alla luce della pianificazione dei flussi finanziari. Per esempio, nel 2002, sono stato incaricato da una società del settore commercio di fare un business plan per l'acquisto di un capannone industriale con annesso ramo d'azienda della ditta venditrice. La direzione dell'impresa acquirente, cioè quella che mi ha incaricato di verificare se la loro idea fosse fattibile o meno, aveva rilasciato al venditore una caparra.

Durante l'elaborazione della pianificazione, mi sono accorto che il punto di pareggio finanziario non sarebbe mai arrivato, poiché l'investimento per essere completo e funzionale alla finalità per cui era stato pensato, richiedeva ulteriori spese.

Sono state fatte più simulazioni di varie ipotesi e la direzione alla fine si è resa conto che a lungo andare si sarebbe cacciata in un "investimento senza fondo". L'amministratore dell'impresa a quel punto ha preferito perdere la caparra e tirarsi indietro.

Per la prima volta sono stato ringraziato dalla direzione di una azienda per averla aiutata a perdere i soldi dati in caparra: non facendo alcun investimento, infatti, aveva evitato di perderne molti di più.

Come si arriva al punto di pareggio finanziario

La pianificazione finanziaria pluriennale si applica allo stesso modo di quella annuale, includendo oltre ai costi di esercizio anche le uscite degli oneri per i beni durevoli.

Nel momento in cui le entrate eguagliano le uscite si raggiunge il recupero dell'investimento ossia il break-even finanziario.

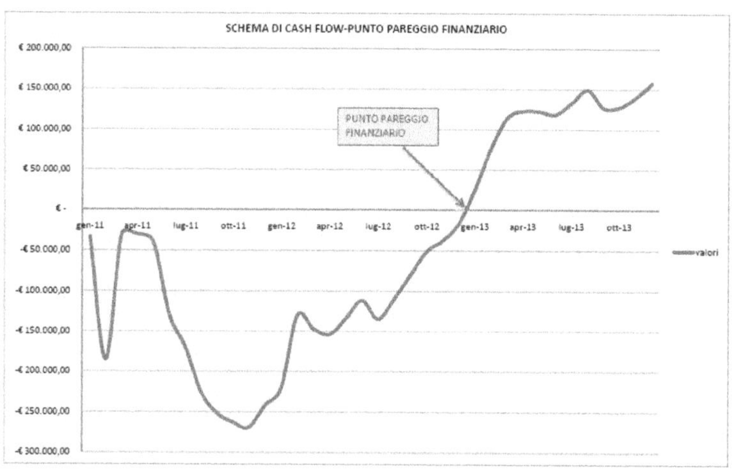

Il grafico riguarda una pianificazione di una nuova attività con inizio dell'investimento a gennaio 2011 che, se tutto dovesse scorrere come nelle programmazioni, raggiungerebbe il punto di pareggio finanziario nel gennaio 2013.

A questo punto è quindi possibile verificare se il rientro dell'investimento soddisfa le aspettative dell'imprenditore oppure se è meglio cambiare strategia.

SEGRETO n. 16: con la pianificazione finanziaria, oltre che tenere sotto controllo la liquidità, si può vedere quanto tempo occorre a rientrare degli investimenti effettuati.

RIEPILOGO DEL CAPITOLO 4:

- SEGRETO n. 14: il budget di cassa deve avere come effetto quello di assicurare le risorse finanziarie al momento necessario, scongiurando pericoli per mancanze di liquidità.
- SEGRETO n. 15: ricordati di utilizzare il budget di tesoreria, che ti mostrerà l'andamento futuro delle disponibilità monetarie nel breve periodo.
- SEGRETO n. 16: con la pianificazione finanziaria, oltre che tenere sotto controllo la liquidità, puoi vedere quanto tempo ti occorre a rientrare degli investimenti effettuati.

Conclusione

Dopo aver letto questa guida sulla pianificazione aziendale, ti sarai certamente reso conto di quanti benefici economici e finanziari essa possa portare e quanto potrebbe farti risparmiare in termini di tempo e denaro.

Ricordati che comunque, per avere un buon risultato, devi impegnarti in maniera sistematica e applicare costantemente le tecniche spiegate. Se stai pianificando o programmando una strategia aziendale, non rimanere immobile ad aspettare gli eventi, evita di farti divorare dal dubbio su quale strada è meglio percorrere.

«Se il sentiero si biforca e non avete elementi per scegliere la strada giusta, seguite l'istinto e prendete una direzione; dopo pochi passi voltatevi indietro per vedere se dalla nuova posizione emergono elementi per scegliere la strada poi, risolutamente, andate avanti. Ma non sprecate tempo.»

(Jigoro Kano, fondatore del judo)

Guarda la tua azienda con una mentalità proiettata al futuro: ogni azione significativa deve essere pianificata e programmata. Se fai le opportune verifiche, esaminando gli eventuali scostamenti potrai sempre raddrizzare il tiro, mentre se rimani a guardare rischi di perdere delle importanti occasioni o di compromettere i tuoi risultati.

Utilizza dunque gli strumenti che ti mette a disposizione il controllo di gestione per permetterti di prendere oculate decisioni:

- il budget economico, strumento principale del sistema gestionale che ti consente di verificare le strategie dell'impresa e metterle sotto forma di numeri, fornendoti così una guida sulle azioni da intraprendere;
- il punto di pareggio economico, che ti permette di sapere in anticipo se i tuoi disegni aziendali futuri funzioneranno o devono essere modificati;
- il budget di cassa, che oltre a misurare come un termometro la salute finanziaria dell'azienda è un vero e proprio supporto per le scelte strategiche.

A questo punto puoi cominciare a pianificare per assicurarti nel tempo la più conveniente situazione economica e finanziaria per la tua azienda. Ti invito, pertanto, a metterti subito in azione.

Buon lavoro!

Patrizio Gatti

www.ingramcontent.com/pod-product-compliance
Ingram Content Group UK Ltd.
Pitfield, Milton Keynes, MK11 3LW, UK
UKHW022013190726
13853UKWH00005B/1914

9 788861 743489